關於廢名

梅杰 著

廢名先生

本書作者（右）與序言作者馮思純（中）、陳建軍（左）在一起（攝於2005年）。

馮思純序

　　在上世紀二十年代中期，廢名以《竹林的故事》為代表的田園詩化小說問世，引起了文學界的廣泛關注，後來一直活躍在中國文壇上。大陸解放後，由於他走的是與左翼完全不同的藝術道路，被認為是脫離現實的，因此廢名的名字很少被提及。八十年代大陸改革開放，春天到來，各種流派的文學著作都可展現在讀者和研究者的面前，廢名作品的文學價值又受到重視，他的小說、詩歌、散文及學術專著陸續出版。

　　2007年，《廢名詩集》在臺灣出版，現在又有梅杰君的《關於廢名》一書出版，我想這對臺灣讀者認識廢名都很有幫助。梅杰君幾年的努力，寫了那麼多的評論文章，很有成績，可喜！結集出書讓我作序言，極願意，但又力不從心，就作此短文。

馮思純於濟南

2008年10月18日

關於廢名

序者簡介：馮思純，廢名之子，原籍湖北黃梅，1935年生於北京。1962年畢業於吉林工業大學（即今哈爾濱工業大學），畢業後分配到國家電子部工作。1970年調到濟南軍區國防工業辦公室暨山東省電子局。1980年後擔任山東省電子局副局長、山東浪潮信息產業集團副總裁。編著有《中國電子工業地區概覽》（山東卷）、《廢名短篇小說集》、《廢名詩集》、《廢名講詩》等。

陳建軍序

　　記得2003年歲末，即拙著《廢名年譜》印行之際，忽然接到梅杰君的一封來信。信中，他說他是一名大學生，學法律的，但自中學時代起就對文學懷有濃厚的興趣，特別喜愛其黃梅老鄉廢名的作品，並提了一些如「廢名小說是否屬於中國特色的意識流小說」等問題，希望我能給他一一解答。我和梅杰君之間的交往就是這樣開始的。此後，我們或互通書信，或電話聯繫，或在寒舍聚談，一晃已是五年多了。

　　梅杰君是八〇後，非學院派學人。他勤勉好思，讀書甚廣，每有心得，即形諸筆墨。幾年下來，他以「眉睫」之筆名，在《魯迅研究月刊》、《中國圖書評論》、《新文學史料》、《博覽群書》、《書屋》、《中華讀書報》、《文藝報》等報刊上發表的文章，計有上百篇。現在，他把這些文章彙編成兩本集子，除已經出版的《朗山筆記——現當代文壇掠影》（臺灣秀威2009年2月版）外，另有這本即將付梓的《關於廢名》。

　　收入《關於廢名》中的二十一篇文章，大致可以分為三類：一類是賞析文，如〈《妝台》及其他〉、〈廢名詩的兒童味〉、〈與馬力先生讀《五祖寺》〉等；

一類是書評文，如〈《廢名年譜》的特色〉、〈談《廢名講詩》的選編〉、〈談《新詩講稿》的體例〉、〈廢名是怎麼變回馮文炳的？〉等；一類側重於史料的發掘與整理。相對而言，我比較看重第三類文章，這大概與我本人一向注重史料有關。我始終認為，資料的搜集與整理是一切研究形式的基礎和前提，離開原始、真實、準確的資料談研究，必然是一種虛妄之談、無稽之談。近些年，梅杰君一直熱衷於搜集廢名的研究資料，做了許多扎實的工作。2004年暑假，他通過調查、採訪整理出〈廢名在黃梅〉一文，填補了廢名研究中某些領域的空白。不久，他又發現廢名的數封佚簡，並大力呼籲搶救廢名書信，在學界產生了一定的影響。他從民國時期的報章雜誌中鈎稽出不少鮮為人知的文壇故實，寫成〈講堂上的廢名先生〉、〈並非醜化：廢名的真實一面〉等文，以眾多具體、生動的歷史細節再現了一個豐滿而鮮活的廢名形象。此外，他還對廢名與周作人、胡適、石民、馮健男等人之間的關係進行了細緻的梳理。總體來講，梅杰君「關於廢名」的這一系列文章，大多理據兼備，史料豐富、真實、準確、可信。

　　史料的整理與研究是一項很有意義的工作，也是頗有意思的一件樂事。一旦踏破鐵鞋尋覓到所要找的材料或偶爾得到一份意外的收穫，總會有一種難以言表的喜悅之情，誠如魯迅所說的「廢寢輟食，銳意窮搜，時或得之，瞿然則喜」（〈《小說舊聞鈔》再版序言〉，《魯迅全集》第十卷，人民文學出版社2005年11月版，第158頁）。我曾多次分享過梅杰君發現的喜悅。史料的整理與研究也是一項吃力不討好的工作，儘管自己百般小心，千般謹慎，但難免會萬有一失，留下讓人詬

病的話柄。借寫這篇小文之機，索性把我時常告誡自己的話端出來，願與梅杰君共勉。

一、儘量掌握並採用第一手材料。在這方面，我是吃過虧、上過當的。我在編《廢名年譜》的時候，用了一些二手材料。及至年譜出版後，比對陸續查找到的原始材料，發現有許多說法與事實並不相符。如關於廢名是否擔任吉林省文聯副主席一職，我採信的是否定的說法。實際上，1962年5月23日～30日，廢名出席在長春市召開的吉林省第三屆文學藝術工作者代表大會，並當選為吉林省文聯副主席（見《吉林省舉行第三屆文代大會》，《長春》文學月刊1962年第七期）。梅杰君大概也輕信了否定的說法，在〈有關廢名的九條新史料〉（其主要內容曾以〈有關廢名的八條新史料〉為題，載《新文學史料》2008年第三期）中更依據《黃梅縣教育志》裏的相關記載加以證實。《黃梅縣教育志》是時人修撰的，內中介紹「馮文炳」的文字多不確，以此來實證廢名不曾擔任吉林省文聯副主席之職務，顯然是不妥當的。在同一篇文章裏，梅杰君僅借哈佛大學田曉菲女史《塵幾錄——陶淵明與手抄本文化研究》（中華書局2008年8月版）中所披露的一條資訊，以說明廢名與聞一多有直接交往的可能，似欠有說服力。哈佛大學燕京圖書館藏有一部《陶靖節集》（1876年翻雕本），係廢名的簽名本，扉頁上題簽「家驊吾兄作紀念 廢名 二十年三月二十九日」（據田女史寄贈筆者照片）。

「家驊」是否就是田女史所説的聞一多，尚不能完全肯定，或者是指廢名的好友、語言學家袁家驊亦未可知。還是在同一篇文章裏，梅杰君以《黃梅縣教育志》和《湖北考試史》中的有關文字作為依據，推定廢名沒有入讀啟黃中學（黃岡中學前身）。也就是説，廢名沒有在啟黃中學讀書，是梅杰君推理出來的，究竟如何得靠事實來證明。據湖北省檔案館藏《湖北省立第一師範學校添招預科學生一覽表》（檔號Ls10-8-106-4），廢名是「五年三月」即1916年3月入校的，在「前在何校畢業或修業幾年」一欄所填寫的內容為「本縣高等小學畢業」。這份檔案材料並不就是廢名沒有進啟黃中學的鐵證，從1915年黃梅高等小學堂停辦到1916年3月，廢名也許有入讀啟黃中學的可能。梅杰君認為啟黃中學與湖北省立第一師範學校是平級的，如果廢名1915年入啟黃中學插班就讀，1916年畢業後完全沒有必要再考進湖北省立第一師範學校（不一定非要畢業了再入第一師範學校，也有轉學的可能），可以直接考北京大學的。這僅僅是一種假設而已。既然有廢名上過啟黃中學一説（出自廢名嫡侄馮健男先生），想必是有所依憑的。大膽懷疑此説是可以的，但輕易否定則萬萬不可，必須小心求證才是。我説儘量掌握、採用第一手材料，並不意味著第二手材料就一無是處、毫無價值，旁證或佐證有時是離不開第二手材料的。

二、尊重原作就是對著者的極大尊重。廢名的散文（包括書信）有一個十分突出的特點，那就是很少分段甚或從頭至尾不分

段。例如，1935年3月13日、14日，廢名花兩天時間寫了一篇〈關於派別〉，同年4月20日刊登在林語堂主編的《人間世》第二十六期上。〈關於派別〉是一篇近八千字的長文，僅有兩大段，這顯然是廢名有意為之的。林語堂深知其意，他後來在〈烟屑（五）〉一文中說：「娓語筆調，盡可拉拉扯扯，不分段縱筆直談。談得越有勁，段落越長。前『廢名』有一篇〈關於派別〉談豈明的八千字一段長文，是屬此類。我知此意，故亦不為分段。」（《宇宙風》1935年12月16日第七期）《胡適遺稿及秘藏書信》（黃山書社1994年12月版）收有廢名致胡適信五封（影印件），其中有梅杰君在〈新發現的一封廢名佚信〉（《博覽群書》2007年第二期）裏提到的那封長信。廢名讀過胡適的來信，興致極高，於是「拉拉扯扯」，寫了十五頁信紙。全信一氣貫下，自始至終就一整段。若按梅杰君那樣強為之分成六段，實可謂不知其意也。時下常見有人為某一作家編文集，隨意徑改其作品，這麼做不能不說是對著者的大不敬。

三、裁斷而不武斷。梅杰君有一定的史識，對某些史料能夠作出令人信服的裁斷。但是，因限於條件而無法大量地占有史料，他的某些裁斷近乎臆測，未免失之武斷。在〈又發現廢名的三封佚信〉（《魯迅研究月刊》2008年第一期）中，他說1964年9月30日廢名致黃梅縣民政局信是其生前最後一封信，「恐怕也是廢名最後一篇著名散文〈馮文華烈士傳略〉的『附記』」，又從字跡上判斷1964年前後廢名「確實沒

有寫作的腦力、體力了」。這種看法大有商討的餘地。廢名致黃梅縣民政局信是用鋼筆書寫的，看起來確如梅杰君所說的「顫抖而潦草」，據此認定廢名沒有寫作的體力似勉強說得過去，但說廢名沒有寫作的腦力就有問題了。沒有腦力，廢名怎會寫信，又怎能寫出「著名散文」〈馮文華烈士傳略〉？〈馮文華烈士傳略〉作於「1964年國慶前一日」，與致黃梅縣民政局信是同一天寫的，原件現存湖北省黃梅縣民政局馮文華烈士檔案內。這篇文章是廢名用毛筆謄錄的，有四頁稿紙，全係蠅頭小楷，極為工整乾淨。可見，即便單從字跡上也是不能夠判斷廢名有無寫作的腦力和體力的。我曾在馮思純先生處翻閱過廢名的好幾本筆記，得知1964年前後，廢名雖罹病在身，但仍未停止寫作。在新近出版的六卷本《廢名集》附錄《廢名生平年表補》中，節錄了廢名寫給其子女的一封信的部分內容：「你們曾記得我害有重病這件事，其實我自己思想裏並沒有病魔的影子糾纏著，尤其在最近一季，我很活潑……我念《愚公移山》（毛主席著作）給你們的媽媽聽，她的政治空氣很好，很可佩服。」（《廢名集》第六卷，北京大學出版社2009年1月版，第3509頁）這封信的寫作時間是1965年10月18日。因此，說1964年前後廢名沒有寫作的腦力和體力，致黃梅縣民政局信是廢名生前最後一封信，〈馮文華烈士傳略〉是廢名最後一篇散文，這樣的結論是不是下得有些匆忙或者草率呢？

梅杰君說我對他最為瞭解，一再要求我為其大著寫點文字。我

只好恭敬不如從命，硬著頭皮寫了以上幾句枝葉話，萬望梅杰君勿怪是幸。

2009年3月5日

於武漢大學珞珈山麓

序者簡介：陳建軍，1964年生，湖北黃岡浠水人，武漢大學文學院教授，著有《廢名年譜》，編有《廢名詩集》、《廢名講詩》等。

目錄

〈妝台〉及其它

　　深夜讀書，翻出廢名的詩文，一翻就翻到了〈妝台〉，而這正是我現在要談的。中國新詩，以現代派詩最令我神往，特別是卞之琳與廢名的，我總是能夠生出許多感慨來。中國有這樣的詩歌，讀者算是有福了。即以〈妝台〉為例，我實在也可以說出毫不造作的話來。

　　我讀第一句時，很為廢名感到高興，這樣的句子真見他的性情了！「夢裏夢見我是個鏡子」，該是如何的新奇活潑。廢名自云「夢之使者」鏡裏偷生，「夢」與「鏡」是廢名詩文中最美的背景，這樣的句子實在也只有廢名才寫得出來。但我讀到「沈在海裏他將也是個鏡子」時，我便覺著隔膜了。我沒有沉在海裏的經驗，廢名也應該沒有——儘管他是愛海的，還在青島待著不願回來。但這「隔膜」又是讓我感到喜悅的，它給我帶來新的感覺。前面還用了「因為」，於是我

關於廢名

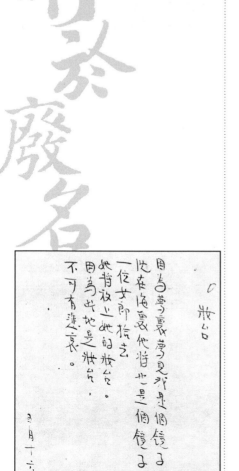

廢名〈妝台〉手跡

做了這樣的推測：沉在夢裏與沉在海裏當是一樣美的感覺。現在我想起廢名的〈海〉來，其實是想起荷花女子和她的美麗聰慧。接下來是「一位女郎拾去」了鏡子，女子出現了！我感到我剛才的遐想沒有白想。女子總是美的，看到鏡子「她將放上她的妝台」。溫庭筠詞：「照花前後鏡，花面交相映」，女子輕放鏡子於妝台，愛美之心可見一斑。至於是否有「鬢雲欲度香腮雪」之姿，是次要的。廢名之喜歡溫庭筠詞，似乎在此也可以窺見一點。這一路寫來著實自然，詩人的詩情是自然完成了。「因為此地是妝台，不可有悲哀」，據說詩人林庚覺得詩情到這裏已經很悲哀了，十多年後及至廢名重讀此詩也覺得悲哀了。莫非「不可有悲哀」之「悲哀」也可以生出悲哀來？其實女子是美的，悲哀沒有襲上她的心頭，只是讀詩的人心境不同吧！廢名說寫女子哭不好看，當時只注意到一個「美」字。「夢之使者」廢名總是在沖淡悲痕，幻化些美麗來。

說到林庚，我很覺得他的「一盤清麗的臉水」有廢名詩的味道。詩人在洗臉時，詩情已然存於心中，即是說這首詩已經做好了。詩情也是自由的，帶些惘然，只是廢名比林庚多些安然。

這首詩裏的「夢」、「鏡」、「海」、「女子」都是廢名詩文裏出現最多的。當我得知「鏡」還是他的自編詩集的名字時，我是如何的慨然。廢名做文章做到這時，真是做到最好了。廢名說：「因為此地是妝台，不可有悲哀，是我寫《橋》時的哲學。」於是我返觀《橋》，真感到神奇了。我敢說，〈妝台〉與〈掐花〉是《橋》的最好注解，再也不需要什麼多餘的話了，還有誰比廢名更懂得他自己呢？

「厭世者做的文章總美麗」，我並不是說廢名是厭世的，而我要說廢名是愛人生的。正唯其如此，他才在「夢」裏寫女子的美，兒童的真，這又真是一面返照社會的鏡子。《橋》正是他做的最好的「鏡子」，也是可以讓「女郎」放上她的「妝台」的。〈妝台〉與

林庚（1910～2006），詩人，廢名的好友。

《橋》體現詩人的本意是一樣的，他寫的是「美」和「真」。說到兒童的「真」，我想起的是廢名的〈雪的原野〉，它與靈魂和詩是連在一起的，這真是對純真最美的讚頌了。

廢名的詩是最能見廢名的真性情的。他本來就是一個詩人啊！小說也是詩的，骨子裏的精魂與他的詩的藝術是一致的。他這個天真率直的性情中人也是一首詩，他還為我們留下這麼多的性情文字，如果失卻了，對於廢名倒沒什麼，卻是文學的一大損失，我們也很可感到遺憾了。

這篇小文寫到這裏，忽然想起我曾將此詩抄於諸同學看，有一個女生說，裏面有三角戀愛。我起初一驚，及至現在一想，她是把廢名拉進〈妝台〉裏了，不覺莞爾。

作於2004年3月17日

原載《武漢科技大學報》2004年3月20日

讀〈五祖寺〉

廢名在〈「五祖寺」附記〉中說：「我想自己寫些文章給小孩們看，總題目為《父親做小孩子的時候》。」這個總題目不妨可作為我們欣賞〈五祖寺〉的立足點。〈五祖寺〉是「一個小孩子」的心靈美文，「要小孩子喜歡讀，容易讀」。若拋開這個立足點不顧，單看標題，自然很容易誤會為「廢名留給後世的風景散文」。

〈五祖寺〉通篇沒有談到五祖寺的歷史掌故和風景名勝，而廢名「喜歡這個題目的原故」，有兩個，一是五祖寺於一個小孩子有「夜之神秘」，二是「恐怕還因為五祖寺的歸途」。廢名在文末也坦白承認：「我真要寫當時的情景其實寫不出，我的這個好題目乃等於交一份白卷了。」

廢名的風景散文不在《廢名文集》裏，而在《橋》等小品美文之中。《橋》卻又是小說，所以廢名散文裏頭並沒有風景散文，而是以說理見長。止庵在〈《廢名文集》

序）中説：「他（廢名）寫散文則是講道理的。」講道理則未免容易流入晦澀，而廢名散文兀自寫得坦誠、自由，也就是馬力先生所説：「用筆從容，像無結構可依，很悠閒，很家常，隨處有一種任率之美在。」周作人説好的散文要有「簡單味與澀味」，廢名散文正是循此一路。不過周作人只注意到《人間世》、《明珠》時代的廢名散文，而《父親做小孩子的時候》（馮健男先生稱之為廢名的《朝花夕拾》）他恐怕沒有讀到。這未免有點可惜。三十年代中期，廢名轉入散文創作和新詩理論研究，這些作品固然最能代表廢名散文的最高成就（《談新詩》不是學者論文，而是作家論文，可算做散文談），而《父親做小孩子的時候》和「黃梅同學錄序」等又是廢名散文另一個重要組成部分，這一批散文以1939年作的〈五祖寺〉為代表，是十年間廢名創作生涯中一塊空白的彌補。這些散文讓我們看到廢名對黃梅故鄉的熱愛，這是「一個小孩子」對家鄉的感情。

五祖寺

　　廢名在〈五祖寺〉開篇就比較了大人、小孩的心理，一方面「同情於小孩子」不得自由，另一方面又羨慕「小孩時的心境，那真是可以讚美的」，「那麼的繁榮那麼的廉貞」。廢名如此地愛惜兒童心理，珍視兒童感受，「一個小孩子」的他乃對五祖寺感到「夜之神祕」。這個「夜之神祕」由來有三：幼稚的心靈嚮往五祖寺的有名，「五祖寺進香是一個奇蹟」，和懸空的「一天門」。兒時的廢名對五祖寺（禪宗）有一種宗教的膜拜情結，也就是所謂的「夜之神祕」。這個情結成為廢名文學作品裏的一種靈魂。

　　且看廢名是怎樣描寫這個「夜之神祕」吧！六歲時一次五祖之行，他感到「作夢一般」，簡直不敢相信自己走到了「心嚮往之」的五祖寺山腳下。而停坐在一天門的車上等候，他又感到有點「孤寂」了。這是多麼切實的感受！望著外祖母、母親、姊姊下山彷彿從「天上」下來到人間街上，又感到「喜悅」了。一個「始終沒有說一句話」的男孩在細細品味這些奇妙的變化。這一步一步寫來，是多麼地細緻、自由、從容、切己。而現在回味這次經歷有所悟道：「過門不入也是一個圓滿，其圓滿真是彷彿是一個人間的圓滿」，「最可讚美的，他忍耐著他不覺得苦惱，忍耐又給了他許多涵養」。「一個小孩子」，在這「忍耐」裏，自由聯想，自己遊戲，長大後也就在這忍耐裏生出許多別人所沒有的美麗的記憶。簡單的追敘與深刻的悟道就這樣自由穿梭與完美結合！廢名文章的生成，是自然生長的結果，行乎當行，止乎當止，如同儵魚出遊從容。這其中感覺美的連串，曲折的思緒，值得讀者細細把玩、思索、體味。馬力先生說得好：「廢名文章約似山中野衲懷藏著秘笈，不是一眼能夠看透的。」

左側大きな縦書き文字（背景）：關於廢名

廢名的第二本小說集《桃園》

不過，用評價廢名小說的論斷來談廢名散文似乎不怎麼適宜。「以沖淡為衣」，「平淡樸訥的作風」，是談廢名《桃園》以前的早期小說；至於「下筆如學唐人寫絕句」，則是評價〈菱蕩〉和《橋》等田園詩化小說了。再把這些觀點拿來籠統地形容廢名散文顯得不夠精確和仔細。

兒時的五祖寺對廢名影響不可估量，以為「一天門只在我們家鄉五祖寺了」，而且似乎只寫在懸空的地方。這真可謂感受深深，以後遊玩、讀書很容易想到兒時的記憶了。而兒時的記憶又都是「夜之神秘」，真彷彿一個夜了。譬如五祖寺的歸途，「其實並沒有記住什麼，彷彿記得天氣，記得路上有許多橋，記下沙子的路」。

所以，這篇〈五祖寺〉其實是寫「兒時的五祖寺」，通篇寫一個小孩子長大後對五祖寺懷有美麗的記憶和感情，其美麗若「一天的星，一春的花」。我讀了〈五祖寺〉，也就只留下這麼一個印象：「一個小孩子，坐在車

上，他同大人們沒有說話，他那麼沉默著，喜歡過著木橋，這個橋後來乃像一個影子的橋，它那麼沒有缺點，永遠在一個路上。」這個小孩子後來成為中國著名文學家，並寫下了不朽之作《橋》。

作於2004年底

原載《武漢科技大學報》2005年2月28日

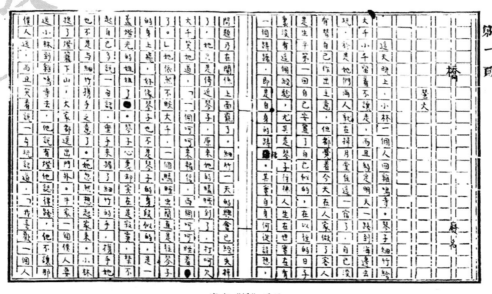

廢名《橋》手跡

姑妄言之姑聽之

　　廢名是一個敏感而極具表現自我天賦的人，所以寫出了曠世奇作《橋》。也有人譽之為「破天荒的作品」，那是美學家朱光潛。《橋》的晦澀與其隱逸性即為時人所指出，朱光潛還進一步深究：愁苦之音以華貴出之。這恐怕不為所有的讀者注意到，而廢名在《橋》中也承認：厭世者做的文章總美麗。《橋》是純文學作品，並有自娛色彩。

　　我在長篇史論〈廢名在黃梅〉中考證廢名幼年生活時指出：廢名常往來於表姐妹、族姐妹之間，彷彿生活於女兒國一樣，造就了廢名小家碧玉式內向型藝術家氣質，性格也因此孤僻而恬靜。正是這兒童世界和女兒國情懷使得廢名擅長寫兒童之真和女子之美。

　　1922年廢名懷著一顆極大的嚮往之心來到北京，不久卻是面臨新文學陣營的內部論爭、分裂，廢名陷入極度苦悶之中。隨後1927年張作霖率軍進入北京，北京文人紛紛南下，北方文壇顯得格外冷清寂寞，廢名不

能「直面慘澹的人生」（魯迅語），心理由苦悶趨於封閉，性格更內向，思維方式側重於內省，在急劇變化的時代洪流中，廢名找不到可辨清方向的思想作指導，於是躲進西山參禪悟道。這是思想退伍、不夠激進的知識份子的必然結局。

1925年10月廢名的成名作《竹林的故事》出版後即開始「造」《橋》，歷時五年寫成上半部。《橋》的開始計畫很長，朱光潛說：「據他預定的計畫，已出書及陸續發表的部分至多僅占全書的一半，現在他決計費一年時間把《橋》續成」。所以《橋》仍屬於「有全書在胸」，並非「沒有總體上的情節構思和故事框架」，而《莫須有先生傳》才是「無全書在胸」。查《廢名年譜》，廢名在北京長達十餘年內過著孤苦冷清的生活，性格的孤僻、心理的缺陷已使他難以容入社會生活，甚至連文壇的活動也很少參與。他與熊十力探究佛道，還與和尚在一起，有一時自己也剃了個光頭。他除了打坐外，就是寫

廢名的第一本小說集《竹林的故事》

《橋》寄託自己的理想文化觀念和文學
觀，此外就是幾乎天天去周作人和俞平
伯家。廢名的知音很少，後來周、俞兩
人也不能有所應和了。那時，廢名唯一
的寄託就是《橋》。當時溫源寧和朱光
潛都懷疑廢名的《橋》像意識流小說大
師吳爾芙夫人的，而廢名那時並未接觸
她的作品。廢名的意識流是中國特色
的，而不是外國的。就是這一點當時也
沒有人看出來。《橋》的狹隘與隱逸是
不會引起多少讀者共鳴的，這是廢名的
悲哀。在中國傳統社會面臨破產的境遇
下，人們歡呼和恐懼的是歐風美雨。
《橋》不被主流文學接受也是必然的。
但是它的表現手法與文體的現代色彩和
前衛特徵卻為現在聰明的學者所注意
到，而只有一般粗淺、誠實的讀者還停
留在「《橋》的文章彷彿一首一首溫
李的詩，又像是一幅一幅淡彩的白描
畫」。像這樣一部記錄自己思緒軌跡的
書，耐人一遍一遍地讀，可是讀過之後
必然忘卻，趣味就在閱讀的一瞬間，而
且是太捉摸不定，放下書就把讀書時的

廢名的第一部長篇小說《橋》

13

趣味和思想忘記了，回到了現實之中。外國的意識流小說獲得了巨大成就並被接受和承認，成為一百年來的世界文壇主流文學，而廢名開創的中國特色的意識流小說卻險遭遺忘，這是《橋》的缺陷的必然結果。

廢名的自迷、自閉、自戀，導致他終日沉浸於感覺的小天地，自娛般地斷斷續續「造」《橋》。正是這境界狹小的作品，當時魯迅批評說：「有時發表一些顧影自憐的吞吞吐吐文章的廢名先生，這回在《人間世》上宣傳他的文學觀了：文學不是宣傳」；「作者過於珍惜他有限的哀愁，不久就更加不欲像先前一般的閃露」，「只見其有意低徊、顧影自憐之態了」。魯迅的批評是中肯的。這也只有他自己才真正讀得懂的「天書」，幾十年後他「自己讀著有許多也不懂了」。廢名反悔地說：「主觀是渺小的，客觀現實是藝術的源泉」。幸好，所有受廢名詩化語言、文體影響的作家都走出他狹隘的圍囿，把京派文風發揚光大了，而「那種偶發性和跳躍性的手法」並未影響到後來者，並且這種文體在當時並不流行和典型。後來的京派小說家只是吸收了廢名的一些散文化、詩化技巧和題材取向，並沒有贊成廢名的隱逸思想。所以我們不僅要看到它的「文章之美」，還應看到它的「悲哀的空氣」和「隱逸性」以及狹隘、晦澀。

當代作家、學者格非斷言，兩千年後仍有人讀《橋》，儘管讀者不多。這既認識到《橋》的不朽，又認識到它的狹隘。去年吳曉東的專著《鏡花水月的世界──〈橋〉的詩學解讀》可謂為這本「天書」做了個很好的解剖，它也總該壽終正寢了。它只是現代白話文本為古典文學作的悼書，它是一個結局。至於《橋》的英文本、日文本恐怕早已塵封歷史，也許只有民間的藏書家才有吧！

14

　　廢名一派小說經沈從文、汪曾祺、何立偉等人的延續，至今傳了三代也幾近斷脈了。這樣的文章在今天幾乎是沒有市場了，誰要再賣弄「小橋流水」，從古舊的意境裏尋點文章做，反而被嗤笑為「造作」。

　　尼采說：「上帝死了。」現在已經是一個缺乏信仰和價值尺度的時代，我們不應該迴避，而要迎上前去。不是文學觀和美學觀左右時代，而是時代引領文學觀和美學觀。詩人于堅甚至認為，「詩歌應該告別精神烏托邦，引領人返回存在的現場，健康自由的回到人的現場。」人不可能存活於歷史的烏托邦幻境，註定要回到與之打交道的日常世界中。我們的精神棲息地只是我們的肉體以及與之關係密切的空氣、桌子、手機、咖啡等，而不是「幻美」的過去。我們應從現實中感受生活、珍惜生活，從中發掘出時代美感，這樣文學才能進步，人才能向前。

　　以上是「姑妄言之」，至於讀者是否能夠「姑聽之」，那要取決於是否有「豆棚瓜架」下靜看「雨如絲」的性情了。

作於2004年9月

原載《武漢科技大學報》2004年10月30日

桃園跋

議論人家的事情很不容易，但做如這是較為熟識的人，那麼，

這事更不容易，有如議論自己的事情一樣，不知怎麼說總得要領。

桃園的著者可以算是我的老友之一，雖然我們相識的年數並不大

多，只是談論的時候卻也不少，所以思想上總有若干□相互的了

解。然而要問廢名君的老見到底是如何，我就覺得不能够簡单地

說出。從意見的異同上說，廢名君似很贊同我所引的說革□期是

叛徒与隱逸合一的話，他現在隱居于西郊□農家，但談到有些問

題他的思想似乎比我更為激烈，廢名君很佩服狄斯比亞，我則对

于這個大戲曲家純是外行，正如对于戲曲一切。廢名君是詩人，

雖然是做着小説；我的頭脳是散文的，唯物的。我所能説的大畧

周作人〈《桃園》跋〉手跡

廢名詩的兒童味

　　廢名的詩不僅有澀味，而且有禪味。禪心與童心有近似處，正因為如此，廢名有的詩還有童詩味。據筆者採訪廢名在黃梅的學生李英俊女士（1948年移居臺灣）得知：抗日戰爭時期廢名在家鄉教書，自編新詩教材，選有除自己的詩外還有郭沫若、冰心、魯迅、泰戈爾等人的詩作；他還教小學生寫童詩，啟人性靈。這是一個非常有趣的現象，借此我們可以更深刻的體會廢名清新古拙的田園小說和奇僻難解的「禪詩」。

　　廢名向來對唐宋八大家的文章深惡痛絕，認為它們是只有腔調的「八股」。他特別喜歡先秦、六朝、晚唐文學，如《詩經》、陶淵明、庾信、李商隱等，這些作品廢名都認為貼切於真實的生活，容易有切己的想像和感受，因此裏面有「文章」。廢名這一文學觀，深深影響了他的創作，使得「童年視角」成為他的一個重要表現手法。他的小說〈竹林的故事〉、〈菱蕩〉、

《橋》等，其實也是散文詩，都是「描寫幾個小孩子對於一片小天地的感受」（汪曾祺：〈小說的散文化〉），其中感染了濃重的兒童散文小說的色彩。甚至可以說，廢名的小說就是一曲曲田園牧歌和一則則「田園童話」。

至於廢名的新詩，有的也能讀出「兒童詩」的味道。著名學者馮健男曾將廢名的小詩〈夢〉，改題為〈夢之使者〉，並選入《馮文炳（廢名）選集》。全詩為：「我在女人的夢裏寫一個善字／我在男人的夢裏寫一個美字／厭世詩人我畫一幅好看的山水／小孩子我替他畫一個世界。」整首詩彷彿出自一個天使之手，對人世間充滿了善意的關愛和祝福，特別是教小孩子感受這全新的世界，體現了廢名對兒童的喜愛。廢名真不愧為「夢之使者」，一個好使者，在世人特別是小孩子的夢裏，他展現了美好的人生。而在另一首詩裏，廢名對兒童表示了由衷的讚賞和嚮往。請看〈雪的原野〉：

> 雪的原野，
> 你是未生的嬰兒，
> 明月不相識，
> 明日的朝陽不相識，——
> 今夜的足跡是野獸麼？
> 樹影不相識。
> 雪的原野，你是未生的嬰兒，——
> 靈魂是那裏人家的燈麼？
> 燈火不相識。

雪的原野，

你是未生的嬰兒，

未生的嬰兒，

是宇宙的靈魂，

是雪夜一首詩。

　　廢名把大雪初霽後潔白的原野比
做「未生的嬰兒」，他對周圍新奇的世
界都是「不相識」的。廢名最後發出由
衷的讚歎：「雪的原野，你是未生的嬰
兒，未生的嬰兒，是宇宙的靈魂，是雪
夜一首詩。」在廢名看來，「未生的嬰
兒」是最純潔的，未受污染的，與「宇
宙的靈魂」、「雪夜一首詩」是一樣淳
樸可愛的。這首詩曾被視為廢名詩晦澀
的例證，認為是瘋人囈語，「不可解」
（劉半農：《劉半農日記》）。殊不知從
「兒童詩」的角度，反而容易明白。我
們這才知道廢名把詩歌藝術發展到一
個具有原始意味人世之初的境界上去
了，「朝陽」、「足跡」、「樹影」、
「燈」等意象都不是世俗的具象，而是
與「未生的嬰兒」一樣，也是原始的、

廢名〈雪的原野〉手跡

19

關於廢名

卜之琳（1910～2000），
詩人，廢名的好友。

神秘的、純潔的。廢名的語言，有的彷彿仙人仙語，這是很好的說明。

廢名其他具有「兒童詩」意味的還有〈街上的聲音〉等，在〈街上的聲音〉裏，廢名說：「小孩子，風的聲音給你做一個玩具吧！」在廢名筆下，自然萬物與兒童都是相互遊戲著存在的，和睦相處的，這種新詩境界，倘不從「兒童詩」角度理解，容易視為「不可解」。讀者如有興趣，可查閱即將在臺灣出版的《廢名詩集》。在廢名詩近於禪的一路上，尚有沈啟无、朱英誕、黃雨、紀弦等繼之，而卞之琳、林庚等著名詩人也受其一定影響。

值得一提的是，抗戰期間廢名為他的兒子馮思純編寫的幼兒啟蒙讀物，也具有兒童詩意味，如第一課：「我今天上學，我的名字叫馮思純。」「早上起來，打開後門，看看山還在不在那裏。」可惜的是，廢名在黃梅是鮮有人與之談禪論道的，只有李英俊女士晚年回憶廢名在柳林鄉南山與一和尚

關係很好。一代「新詩怪」的寂寞可想而知，莫非夢中亦與小孩子一起作詩？

作於2005年7月

原載《藏書報》2007年9月17日

關於廢名

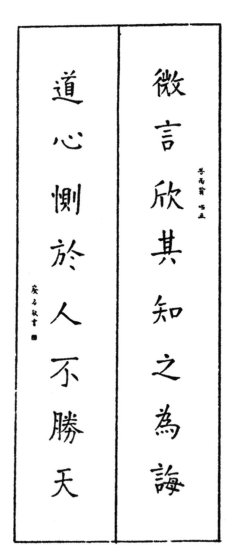

廢名致周作人對聯手跡

廢名與書評

　　廢名不是書評家，在中國近現代書評史上也不會有他的一席之地，但廢名絕對是優秀的「讀書家」，並為後人留下數量可觀的讀書隨筆、講稿。這實在是一筆不容忽視的文化財富。

　　1952年，廢名在北大因受排擠與楊振聲等一道赴東北人民大學，即今吉林大學。1957年，廢名在接受年輕文學研究者束沛德（後為著名兒童文學專家）採訪時說：「五二年把我從北京調到這裏來，我以為這裏需要我，其實這裏並不需要我，半年多沒有給我分配工作。你們把我扔了，下面還不把我扔了，像破抹布一樣。」從中我聽出了廢名的悲哀。廢名晚年在吉林大學十五載專心授課、著述，留有書稿多部，如《杜詩講稿》、《魯迅研究》、《跟青年談魯迅》、《新民歌講稿》、《詩經講稿》、《美學講稿》等。這些著作，其實都是讀書隨筆，也即是醇厚的正宗白話散文。此外，廢名亦時

有文藝隨筆見諸報端，這是廢名晚年散文創作的一個小高峰。廢名的讀書隨筆還有一部分寫於北京，這部分散文讓世人一睹其「思想最是圓滿的好文章好意思」（周作人語）。

廢名的讀書隨筆倘不算書評（其實算得書話），但其中有一類文章卻勉強算得。我指的是序跋。筆者從《廢名文集》中做了統計，共有十一篇，包括自序，如《竹林的故事》序、《橋》序、〈《天馬》詩集〉等。另外文集中漏收了廢名為詩人林庚作的〈《冬眠曲及其他》序〉。我說廢名的序跋勉強算得書評，是說書評的前身乃正是序跋，書評由序跋發展而來。中國近代書評大多以序跋形式出現。所以廢名的序跋文章自然屬於書評範疇，而且頗具個性和特色，這是後話。說來廢名也有兩篇嚴格意義上的書評，那是〈《現代日本小說集》〉和〈《吶喊》〉。於是廢名書評共有十四篇。也許有人嫌我選得太少，那是因為我實在不敢把廢名的〈讀《論語》〉、〈讀《朱注》〉一類的讀書隨筆算做書評，如果那也算，廢名擅長的談詩說文一類的書話豈不都是書評？

1922年9月，廢名在長兄馮力生（馮健男先生之父）的資助下考入北京大學預科。據《廢名年譜》記載，當時的廢名除聽課外，大部分時間花在閱讀外國文藝書籍和新文學報刊上，並參加淺草─沉鐘社的茶話會、文學聚會等活動，與馮至、楊晦等文學青年交往甚多。再讀讀廢名分別於1923年、1924年作的〈《現代日本小說集》〉和〈《吶喊》〉，我們彷彿看到一個文學青年如饑似渴地閱讀外國文學和中國新文學作品。廢名在〈《現代日本小說集》〉中說：「這集子共是三十篇，篇篇令我讀了舒服，但又悵惘，為什麼我們貴國很少這樣的

人呢？——本自己興趣，選定一種生活的樣式，浸潤於此，酣醉於此，無論是苦是甜。」在〈《吶喊》〉中廢名寫道：「我不是批評家，也不知道什麼才算得文藝批評，平常一篇一篇的讀文章，清醒我自己，擴大我自己。」正是通過廢名這兩篇「讀者書評」，我們看到青年廢名（馮文炳）是怎樣拿起手中創作之筆的。同時我們還可以看到，廢名這兩篇書評絕不是「文藝批評」，也就無所謂有意貶低或吹捧，這與今日書評人的作風是多麼的不同啊！我們是否可以從廢名的這兩篇書評中得到某些啟示呢？

馮力生（1895～1972），教育家，廢名的哥哥，曾贊助廢名入讀北大。

　　三十年代是現代文學鼎盛、繁榮時期，真所謂「百家爭鳴」，著名京派、海派之爭即是。廢名乃京派大將，在北平文藝界已是資格頗老的著名作家。京派文人時常或聚於周作人苦雨齋，或進林徽因「太太的客廳」，或赴朱光潛讀詩會，可謂文人雅聚，魏晉風流，令後世學人欣羨不已。每有朋友出書，乃以作序相邀為常有之事。廢名即曾為俞平

俞平伯（1900～1990），詩人、散文家，廢名的師兄。

鶴西（1908～1999），原名程侃聲，現代作家、翻譯家、農學家，廢名的好友。

伯、周作人、梁遇春、鶴西、朱英誕、林庚等人作過序跋。讀這些序跋，我們大抵可從中看出廢名的人倫關係、讀書態度、文學觀以及對文壇時局的看法等等。所以此等書評，不容忽視。

廢名在為俞平伯《春在堂所藏苦雨齋尺牘》所作跋中說：「我真個的彷彿另外有所發現，發現的什麼又說不出也。」這可謂廢名的夫子自道。廢名為諸師友寫序跋，往往以不寫為寫，不談書中的文章，只借此做點別的文章。他寫〈《古槐夢遇》小引〉，卻拿「古槐」、「夢遇」做文章，寫盡了他與師兄俞平伯之間的友誼。廢名所有序文當中最值一提的是〈秋心遺著序〉，即〈《淚與笑》序〉，可謂名文，也是研究梁遇春散文的學者最津津樂道的。廢名說：「他（梁遇春）的文思如星珠串天，處處閃眼，然而沒有一個線索，稍縱即逝」，「秋心的散文是我們新文學當中的六朝文」，「玲瓏多態，繁華足媚，其蕪雜亦相當，其深厚也是六朝文所特有」。這些經典論斷為後世學者

稱引不衰。《淚與笑》承載著廢名、梁遇春、石民三人之間的友誼，廢名、石民的序言都是發自肺腑的坦誠的至情文字，序只是形式，借此抒發而已。廢名為小朋友鶴西作的〈跋《落葉樹》〉和〈《琴》序〉亦是如此。而為林庚的學生年輕詩人朱英誕所作〈《小園集》序〉則劈頭一句「是個垃圾成個堆也」，而後廢名又極看重這個非凡鳥之客的才華，認為晚唐詩將要在新詩裏復活了。讀廢名這些序跋文字，我們似乎可以看到廢名並不太看重序跋對於書的宣傳作用，而特別在意序跋是否是切己的由衷之話。所以他稱讚「鶴西是一個最切實的人」。這種獨立的書評態度，寫出的絕不是人情文章，這與今日某些書評作者的作風又不可同日而語。廢名另有〈《周作人散文鈔》序〉，更見他「所懷的一點意見與感想」。這是廢名關於歷史、新文化運動等重大問題評說的一篇重要文章。我們從中也可以看出廢名作序跋文章其實從來就不覺得自己在作序跋，只是借此作點別的文章，不序也即是序了。這是廢名書評的鮮明特色，亦是今之粗淺書評所不及之處。

　　寫到這裏，筆者不免惶恐，廢名《談新詩》中關於《冰心詩集》、《沫若詩集》、《十四行集》等的評述算不算書評呢？筆者竟然只從廢名眾多讀書隨筆中選定十四篇為書評，未免太嚴格了。即是這數量稀少的序跋文章，我們似乎也感受到廢名書評為我們今日書評立了一個標桿──一個獨立書評人的態度。倘若還要把廢名所有讀書隨筆皆納入討論範圍，這種態度就更為明顯，那麼筆者又要寫一篇〈廢名與書話〉了。

作於2004年底

原載《讀書時報》2006年1月25日

廢名的書信
——呼籲搶救廢名書信

　　北京大學青年學者王風先生提供的〈《廢名集》前言〉（草稿）中有説：「本書收錄現能找到的廢名所有已刊未刊作品，依全集體例編纂，其不名『全集』者，蓋缺收日記、書信兩項。根據某些線索，廢名可能不定期記些日記，但至今未能尋及；書信收集情況極不理想，不到十通，尤其是有已知的大宗函件一時無法獲得，所以除以書信體發表的文章外，私函一律不收。」（《廢名集》即將出版）

　　日前偶然發現一巨冊《現代作家書信集珍》（劉衍文、艾以主編，漢語大詞典出版社1999年6月出版），內收廢名書信兩封，一為大家熟知的〈北平通信〉，其實是寄給《人間世》編輯陶亢德的信；另一為〈致卞之琳〉。這表明廢名的書信前人是有收集的，並非一無所獲。據收集人馮健男（廢名侄子、

著名文藝評論家）介紹，〈致卞之琳〉一信是由卞之琳提供的，這封信不長，全文如下：

之琳兄：

你去雁蕩以前由上海寫來的信早收到了。今日始收到雁蕩來信。杭州有給你的信卻是由北平轉，茲轉到雁蕩來了，請收。我暑中原不打算回家，最近或者要回去亦未可知，因為我有個侄兒子將到北平來讀書，我寫信給他請他一個人坐火車來，尚未接到他的回信，萬一家中要我南歸同他一塊兒北來，我大約就回家一行，如回家當在四五天後就走，北來也一定很快，隨時再奉告了。這半年內讀了幾部好書，見面時當很有可談的，盼望秋天雁飛來了。敝橋工作進行頗順利，可不致愆期。北平讀書人有一個無聊的「中學教員」據說是大學教員做了一件無聊的勾當，不足擾山中瀑布清聽也。匆匆。順頌
暑安

文炳

七月八日

　　信末只注明月日，年份當是1937年，也就是說廢名此信寫於「七七事變」的次日，據信中的口氣看廢名似乎還不知道「昨晚」日本發動全面侵華戰爭。這封信的內容卞之琳曾在〈《馮文炳選集》序〉中有所引用，即：「有一個無聊的『中學教員』據說是大學教員（按：指梁實秋）做了一件無聊的勾當，不足擾山中瀑布清聽也。」後

世學者也往往據以轉引，似乎並未見到整封信的內容。這次筆者得以
窺其全貌，實感欣慰。這封短信是有其史料與學術價值的，它是見證
廢名與卞之琳友誼的實物，也讓我們得知馮健男少年時有去北京讀書
的想法，還讓我們知道廢名造「橋」本來頗有興致，完全是日本侵華
戰爭將他的不朽之作《橋》「炸斷」了。更有意思的是，廢名這封信
牽涉到當時的一場關於新詩的著名論爭：看不懂的朦朧晦澀的新詩。
廢名曾為此事當面質問於胡適，因為他是欣賞青年詩人何其芳、卞之
琳的新詩的。孟實（非朱光潛）說廢名是新文學史上第一個朦朧派，似
乎在此也可以找到點線索。可想而知，這封信有著重要的意義。

　　2004年暑期筆者曾陪同《廢名年譜》作者武漢大學陳建軍先生以
及黃岡師範學院張吉兵先生走訪廢名故鄉，在「廢名在黃梅的得意門
生」（廢名哲嗣馮思純語）翟一民老的熱心幫助下（筆者發表於《新文學
史料》2005年第三期的長篇史論〈廢名在黃梅〉，不少原始材料和資訊即來
自翟老），在黃梅縣民政局搜得廢名生前最後一封信（手稿），此信全
文如下：

黃梅縣民政局：
八月二十八日來信收到了。去年四月三日縣人委信也收到了。
我校（按：吉林大學）黨委也轉知了我。茲將我寫的〈馮文華
烈士傳略〉（按：馮文華係廢名堂弟）寄上，不知合用與否，請
編委會決定。去年我就準備寫，思考了好些日子，因知道的究
不多，終於未敢下筆。今天是國慶十五周年的前一日，總算是
努力寫了這一篇。奇男（按：廢名侄子）整理的一篇附還。另

外，八月二十八日來信所述黎翔鳳（按：國學大師黃侃弟子，著有《周易新釋》、《管子校注》、《管子集校補正》等）同志「我縣孔壟有位叫費覺天（按：費係中國最早的馬克思主義宣傳者之一，與李大釗、高君宇等交誼頗深，五四時期北大高才生）的烈士，大概與李大釗烈士同時被張作霖殺害」的話，恐不確，在我的記憶裏沒有這件事。其他的情況我不知道。謹覆。此致

敬禮

馮文炳

1964.9.30

這封信不但是廢名最後一封信，恐怕也是廢名最後一篇著名散文〈馮文華烈士傳略〉的「附記」。1964年前後，廢名因病重已基本停止寫作，只是修改文稿而已。〈馮文華烈士傳略〉是廢名所有散文中「革命性」最強的，在烈士形象的刻畫上可謂入木三分，藝術

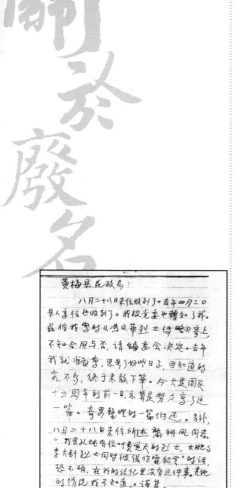

廢名致黃梅縣民政局手跡

感染力達到相當程度，可以說是思想性與文學性並具的佳作。通過這封信的字跡來看，顫抖而潦草，但大度嚴謹，可見廢名當時確實沒有寫作的腦力、體力了，〈馮文華烈士傳略〉是思考多日蓄積良久才動筆的，是相當慎重的。這封信對於瞭解廢名晚年思想變化是有幫助作用的，特別是對於瞭解〈馮文華烈士傳略〉一文的思想藝術都有背景意義。

廢名生前不大有寫日記的習慣，曾一段時日記過十則，以〈忘卻了的日記〉為題發表，而其後似未曾有記日記的跡象。〈忘卻了的日記〉是一篇瞭解廢名文學思想的重要散文，幸而問世；廢名書信也有多封以散文和「詩及信」的形式發表，如寫給楊晦、鶴西、卞之琳、朱英誕等人的書信都曾面世過。這些信是瞭解廢名人倫關係和詩學觀的重要文字，因此廢名的書信應當好好地收集，以免散佚。

按理說，廢名家屬、親屬、朋友應該是有廢名書信的，最有可能保存廢名書信的親朋好友，筆者認為有馮健男、馮奇男、馮止慈（改男）、馮康男、馮思純、周作人、胡適、俞平伯、石民、鶴西、朱英誕、林庚、朱光潛、沈從文等人。希望有關人士積極予以搶救。

作於2005年10月

原載《上海新書報》2006年5月12日

廢名詩稿《鏡》自訂本，此本係1930年5月20日廢名贈給周作人。內中不少情詩，據知情者
稱係廢名寫給一個朋友的妻子。

新發現的一封廢名佚信
——兼評廢名的老北大講義

　　孟實（原名吳方）在〈「我是夢中傳彩筆」——廢名略識〉中稱廢名是「李商隱以後，現代能找到的第一個朦朧派」。這個「朦朧派」的意思不只是說廢名的小說晦澀朦朧，恐怕也是說作為詩人的廢名是現代朦朧派詩歌的鼻祖。這一推論，應當不為過分。在臺灣，廢名的詩歌及其詩論經由紀弦、瘂弦等詩人的介紹，是引發臺灣現代派詩歌的源泉之一（陳振國：〈廢名研究在臺灣〉）；而廢名小說在臺灣產生影響則遠遲於廢名的詩歌及其詩論。

　　廢名的詩論在三、四十年代問世、傳播以來，受到一些關注，被稱為突出的一家之言。1931年，廢名在完成長篇小說《橋》和《莫須有先生傳》以後，轉入散文創作和新詩研究，並身體力行地創作了一百多首新詩。1934年廢名曾以「新詩問答」的形式散布了他的新詩觀點，產生了一些影響。1936年，在一本英譯的《中國現代詩選》

廢名第二部長篇小說《莫須有先生傳》

（Harold・Acton、陳世驤編譯）中，即已收入廢名的詩，並將〈論現代詩〉一文（即「新詩問答」）置於卷首，作為此書宣揚中國現代派詩的理論文章。最近從《胡適遺稿及秘藏書信》第三十六卷中發現一封廢名致胡適的佚信（耿雲志編，黃山書社1994年版），此信尚未引起學界注意，亦未曾收入《廢名文集》、《廢名年譜》等書中。此信頗長，將近四千字，可謂迄今為止發現的廢名最長的一封信，況且此信中有廢名關於新詩的認識。據考證，此信寫於1933年或1934年2月1日，這比廢名在「新詩問答」中發布自己的一家之言還早，可見廢名在北大開講「現代文藝」之前即對新詩有自己的心得體會與考察研究。

在信中廢名闡述了以下幾個觀點：一是明確指出「我們今日的新詩是中國詩的一種」，「白話詩不應該說是舊詩詞的一種進步，而是一種變化，是中國詩的一種體裁。今日的新詩，並不能包羅萬象，舊詩詞所能表現的意境，沒有他的地位，而他確可以有他

的特別領域，他可以表現舊詩詞所不能為力的東西。」二是在將舊詩詞與新詩作了質的區分之後，繼而指出語言形式的文言與白話非新舊詩的區別，「舊詩之不是新詩，不因其用的不是白話，就是有許多幾乎完全是白話句子的詞，我也以為不能引為我們今日新詩的先例。新詩之不是舊詩，不因其用的是白話，而文言到底也還是漢語。」三是指出當下詩壇的困窘境地，「今日做新詩的人，一方面沒這個體裁上的必然性的意識，一方面又缺乏新詩的生命，以為用白話做的詩就是新詩，結果是多此一舉。他們以為是打倒舊詩，其實自己反而站不住腳了。」四是對自己的新詩充滿信心和對其晦澀的解釋，「我自己所作的一百多首詩，自以為合乎這個新詩的資格。我用了我的形式表達出了我的意思，它是站在舊詩的範圍以外，能夠孑然而立了。若說它不好懂，那我覺得這本是人類一件沒有法子的事情。藝術原則上是可通於人，而事實並不一定是人盡可解；恐怕同戀愛差不多，我所見的女人我未必都與之生愛情了。」以上四點還沒有明確說出廢名在「新詩問答」、《談新詩》中提出的根本觀點：新詩要有「散文的文字，詩的內容」！緊接著，廢名又在信中大談溫庭筠的詞、莎士比亞的戲劇、陶淵明的詩，來說明他們在藝術表現上的自由活潑，充盈著美麗的想像，似有引之為今日新詩之前例的嫌疑，但廢名又在《談新詩》中指出「我的意思不是把李商隱的詩同溫庭筠的詞算作新詩的前例，我只是想推想這一派的詩詞存在的根據或者正有我們今日白話新詩發展的根據」。同時廢名自己作的新詩也並非是要為其他詩人立一個作詩的榜樣，他只是說：「我用了我的形式表達出了我的意思。」由此可見廢名詩論及其新詩的獨創性和局限性，當然其卓然的獨創性是主

要的，他以他的詩實現了他的主張，而更希望別的詩人以他們自己的詩來實現新詩要有「散文的文字，詩的內容」，因此他極為推崇劉半農、卞之琳、林庚、朱英誕、沈啟无、馮至等人的詩歌，而很討厭新月派的格律詩，如「商籟體」等。廢名平素對胡適的「談新詩」的觀點極為不滿，而這封信恰好是針對胡適的詩論的，廢名此時尚未將自己的不同見解公開化，可見此信秘藏之珍貴。1934年，廢名講教「新文藝試作‧散文習作」，之後又開講「現代文藝‧新詩」。據說廢名在講新詩以前曾問過胡適這門課怎麼上，胡適叫他按照《新文學大系》上講，意若按照胡適的〈談新詩〉一文講即可，廢名卻在課堂上大說胡適的不是，一口一個胡適之（馮健男：〈廢名與胡適〉）。莫非廢名的這封信中的觀點並沒有得到胡適的贊同，以致廢名在課堂上與胡適叫陣？於是，廢名在他的新詩講義中集中地表達了他的這些新詩思想。

近些年來，出版界出版了不少學者的講義，特別是一些詩歌講義、講稿，如胡適、朱自清、聞一多、廢名、何其芳等大師的。這些詩歌講稿有的是作者生前自己出版的，有的是後世學人彙編成書的，因這些講稿敘述風格別具一格，生動活潑，淺顯易懂，而又不缺乏學術之真知灼見，因此很受一些詩歌愛好者喜歡。最近遼寧教育出版社出版的一套「大師談學習系列」小叢書，可以作為上述出版現象的一個代表，其中一本是《新詩十二講——廢名的老北大講義》。

《新詩十二講》是廢名在老北大的新詩講義，他的學生詩人李曼茵（黃雨）保存著一份，並將之出版問世。但以往版本因年代久遠，普通讀者難以獲得，因此陳子善先生在1998年編訂了一本《論新詩及

其它》，很有閱讀和保存價值，但其中有一些錯字。於是有了這本新訂的《新詩十二講》。《新詩十二講》以《論新詩及其他》為母本，糾正了其中不少錯字，字體、行距變大，從這種意義上講，《新詩十二講》是《論新詩及其他》的「再版本」，據「編後記」説是為了滿足「廢名謎」的需求。因此，筆者很懷疑這種版本的出版目的，是否一定程度上是出於商機？大師講義賣得好，肯定是好事，但「只是字體、行距變大」、定價翻倍的「再版本」不會令讀者夠嗆的嗎？另外，《論新詩及其他》明確標明「廢名著　陳子善編訂」，而《新詩十二講》只有「廢名著」，那麼這樣的「再版本」是否侵犯了陳子善先生的彙編著作權呢？恐怕這種「再版本」的出版純是出版社的單方行為吧，並未與陳子善先生取得聯繫，甚至與廢名的後人亦未取得聯繫。

廢名詩論自潘頌德、馮健男、孫玉石等著名學者開掘以後大有形成「廢名詩學」的趨勢，近幾年來又一再受到

《新詩十二講——廢名的老北大講義》，廢名著，遼寧教育出版社2006年1月版。

重新認識和關注。在新詩處境日益艱難的今天，廢名詩學觀以至成為部分詩人「危機時刻的詩歌選擇」。2004年青年詩人西渡編輯出版的《經典閱讀書系·名家課堂》，其中有關新詩部分其實是以廢名詩學觀為準繩進行選編的。這說明，廢名的詩論有強大的生命力，值得去瞭解，去借鑒，去學習。但有一個事實，學術界卻長期視而不見，使得廢名詩論一度被遮蔽，或者沒有得到很好的宣揚。這得從文學史的角度考察，於是不得不提到兩個被遺忘的詩人。一般學者在研究廢名詩歌及其詩論時，往往提到卞之琳和林庚，卻很少或者根本沒有提到沈啟无（開元）、朱英誕。這當然與兩人名氣較小且任「偽職」是分不開的。但揭開歷史的面紗，我們會發現當時活躍在廢名周圍的詩人圈子中，他們兩人是不可忽視而顯得重要的。以沈啟无、朱英誕為代表，淪陷區存在一個長期受廢名詩論影響的現代派詩歌遺脈。

　　從廢名、林庚一派詩論來看，朱英誕（1913～1983）是一個有特殊天才的優秀詩人，他的詩與廢名、林庚的詩一起構成中國新詩中一支特別的流派，而這個流派在他們看來則是中國新詩的正途。這派詩歌一般已併入現代派詩進行研究，其實他們與戴望舒的詩還是有一定區別的。1937年，蘆溝橋頭一聲炮響，北方作家紛紛南下，詩歌中心也由北京轉入昆明等大後方。於是，現代派詩幾近斷流，但留在北京的朱英誕仍然堅持與廢名、林庚在書信中討論新詩出路，堅持固有詩歌理想，在北方淪陷區成為一個獨特的存在，延續了三十年代廢名詩歌理論的生命。當時深受廢名詩論影響的詩人還有沈啟无、黃雨、路易士（紀弦）等。他們繼續在北方淪陷區大量發表廢名的書信、詩歌、詩論等，成為淪陷區詩歌創作的一面旗幟。新近出版的《吳興華詩文

集》中的附錄文章中，有研究者也承認了廢名詩論對北方淪陷區詩歌的影響。沈啟无（1902～1969）則最早地發表和研究了廢名詩論，並在廢名的鼓勵和指導下進行詩歌創作，1945年4月沈啟无在〈《思念集》題記〉中不無感激地說：「從前我印《水邊》（廢名、沈啟无合著），是紀念廢名，因為他是第一個認識我的詩的。」沈啟无算得是詩人廢名的活知音，兩人作詩常有「共賞之趣」（見《天馬詩集》附記）。沈啟无曾指出：「廢名先生及其一派，即是顧到歷史的意義，並且依傍文化的，故其性質乃同時是古典的。」這裏明確提到「廢名先生及其一派」，可見那時廢名雖然已回到黃梅鄉間，但影響卻極其深遠，以至有成為一派的說法。彌漫在北方淪陷區詩壇的古典情調，不正是廢名詩歌及其詩論影響深遠的表現嗎？朱英誕在此扮演了重要的角色，他是以廢名、林庚的傳人的身份最有資格地宣傳這一詩潮並親自參加實踐的。他一面在偽北大開講現代新詩（現存有「現代詩

沈啟无（1902～1969），詩人、散文家，與廢名同為周作人四大弟子之一。

講稿」、《中國現代詩二十年集（1917～1937）》），一面發表大量詩作，繼承了廢名在三十年代未竟的新詩研究工作。四十年代末廢名重返北大還特地讚許了朱英誕這一業績。從這些意義上講，我們可以看到廢名詩論在四十年代的固有影響和朱英誕、沈啟无的傳承，以及現代派詩歌遺脈的存在狀態。可以說，朱英誕、沈啟无、黃雨、南星、路易士、吳興華等北方淪陷區詩人應該與大後方「九葉詩人」受到同等關注。這樣的文學史才是客觀的，公正的。

指出和回顧廢名詩論既有影響，對於今天瞭解、借鑒、傳承廢名詩學觀，認真考察當代詩歌的生存困境以及出路，是大有裨益的。在廢名詩學觀中，廢名密切關注傳統詩歌對新詩的制約，「顧到歷史的意義，並且依傍文化的」，提出新詩要有「散文的文字，詩的內容」，才能徹底獲得自立。於是廢名把「新詩要成功為古典」視為「千秋事業」，在這個偉大的新詩征途上，同路者究竟太少，當廢名發現林庚、

朱英誕（1913～1983），詩人，廢名詩學的繼承者。

朱英誕兩人的詩歌之時就不免歡呼雀躍了。在〈《小園集》序〉中，廢名毫不掩飾地祝願朱英誕在這個事業上有所貢獻，並稱朱英誕詩的存在好似「六朝晚唐詩在新詩裏復活」，而在〈林庚同朱英誕的新詩〉又直接說「朱英誕也與西洋文學不相干，在新詩當中他等於南宋的詞」。由此看來，廢名認為他和卞之琳、林庚、朱英誕等少數幾人的詩是比較醇正的中國新詩。而徐志摩、朱湘一派未免顯得張惶，大鬧格律之勾當，反而阻礙了自由詩的發展。廢名詩學觀的狹隘由此可知，但又惟其狹隘，而能揭示新詩的性質和歷史使命。另外，整部廢名詩論，大談已往的詩文學，從歷史的角度闡釋新詩的自由詩性質，自由充分發展後才能完成它的自立使命。廢名詩論的局限性與它自身的狹隘性是分不開的，廢名主張新詩的當下性、天然性、完整性，往往無法解釋長詩、詩劇等，這與當時的歷史環境是有關的，而廢名對新詩的歷史使命也只能顧及到「散文的文字，詩的內容」根本觀點以及自由詩性質的充分發展。

　　瞭解廢名詩論，不可不與廢名的詩相參看。長期以來，學術界流行「廢名詩大約僅存三十首」，1997年周作人兒媳張菼芳女士偶然的發現，打破了這一慣有的說法。但廢名的詩後來並沒有專門編輯出版（《水邊》係與人合著），很大程度上攔截了讀者和研究者的視野，即將在臺灣出版的《廢名詩集》以及正在編纂的《廢名（全）集》將是很好的讀本。

作於2006年3月

原載《博覽群書》2007年第二期

附：廢名致胡適

適之先生：

惠書敬悉。捧讀之餘，覺得有不能已於言者。我平常愛談話，惟獨要把自己的意見寫在紙上最不能動興會，今天我覺得我應該向先生寫一點我自己的意見，因為這裏頭動了我一點感情，正好比少年男女寫情書一樣，所以也就很有興致了。

先生是文學革命的元勳，那時我還是一個小孩子，在一個中學裏念書，受了影響，第一回做的白話文就是一首白話詩，當時《嘗試集》是讀得最熟的了，記得後來到北京時曾寄了幾首詩給先生看。慢慢的我做小說，開張第一回就刊登於《努力週報》，給了我一個很大的鼓勵，從此繼續著做下去，始終不懈，無論後來有怎樣的進步，想起那時試作時的不寂寞，真真是一個最大的歡喜。因為有這樣的因緣，我對於先生不但抱著我們今日從事文學的人對於一個文學革命先驅應該有的一個敬意，實在又有一種個人的感情。以前沒有機會，現在有了機會，如果我心裏有一個確實的意見，我覺得我應該忠實的陳之於先生，那才實在是敬重先生之意，不管先生以他對不對。

關於新詩，我因試驗的結果，得到一個結論，「我們今日的新詩是中國詩的一種。」這就是說，白話詩（還是說新詩的好）不應該說是舊詩詞的一種進步，而是一種變化，是中國詩的一種體裁，正如詩與詞也各為中國詩的一種體裁是一樣的。我細心揣測中國舊詩詞，覺得他們有一個自然的變遷，古今人不相及，詩不能表現詞的意境，詞也不是詩，而同為詩，同為詞，也因時代的先後而不同，他們都找

得了他們的形式表達出了他們的意思，大凡一種形式就是一種意思，一個意思不能有兩樣的表現法，就好比翻譯之不能同原作是一個東西是一樣，普通所說意思相同那實在是說「意義」罷了。我們今日的新詩，並不能包羅萬象，舊詩詞所能表現的意境，沒有他的地位，而他確可以有他的特別領域，他可以表現舊詩詞所不能為力的東西，今日做新詩的人，一方面沒有這個體裁上的必然性的意識，一方面又缺乏新詩的生命，以為用白話做的詩就是新詩，結果是多此一舉，他們以為是打倒舊詩，其實自己反而站不住腳了。舊詩之不是新詩，不因其用的不是白話，就是有許多幾乎完全是白話句子的詞，我也以為不能引為我們今日新詩的先例；新詩之不是舊詩，不因其用的是白話，而文言到底也還是漢語，是「文學的國語」的一個成分。天下事真是要試驗，單理論每容易違背事實，好比文字這件東西本應該由象形而進化到拼音，然而中國方塊文字一直沿用到現在，因此而形成許多事實，現在主張改成拼音的人其實是很簡單的一個理論罷了。我自己所做的一百多首詩，自以為合乎這個新詩的資格，我用了我的形式表達出了我的意思，它是站在舊詩的範圍以外，能夠子然獨立了。若說它不好懂，那我覺得這本是人類一件沒有法子的事情，藝術在原則上是可通於人，而事實並不一定是人盡可解，恐怕同戀愛差不多，我所見的女人我未必都與之生愛情了，所以以英國的莎翁未能見賞於俄國的托老，簡直的就不知所云哩。

　　我想什麼都是一樣，並不一定人人可解，而所解亦有見仁見智之不同，這裏我不禁記起「半部魯論」來，這一本四子書就是替他做了注解的朱熹我也以為未見得能瞭解了他，天下事永遠有一個新的發

現，好比「克己復禮為仁」這六個字，我覺得不是宋儒所能理解，有一天我忽然想，「克己」何以說到「仁」字，後來我一想，這才真見孔丘的偉大，仁者人也，一切的事情都有一個「人」字，能夠克己才能想到別人，所以這裏依然是「忠」「恕」之道。又好比「鳥獸不可與同群也，吾非斯人之徒與而誰與」，我也以為是最有意義的話，孔丘並不像孟軻那樣愛罵人，他所說的都是從經驗當中體會出來的一個道理，我們生而為人，一切都與這一個「人」字有關，「落花仍在」因而想到「人面何處」，對於地球以外的事情沒有地球上的事情關懷，不然那就是好奇，然而好奇正因為這裏無奇也。與木石居，與鹿豕遊，我們都感到寂寞，所以孔丘那一句歎息之辭，直可以包括一切事業之所由來，我們都是不期然而然也，就是「避人避世」之徒，也正是無可奈何，鳥獸不可與同群也。又如「詩三百，一言以蔽之曰，思無邪，」也正是說凡事都不是材料上的問題，只看你的作意如何，與聖保羅的話「凡物沒有不潔淨的，你看他不潔淨就不潔淨了」是一樣的可佩服，然而我覺得向來的人不大能瞭解。這一趟野馬可跑得太遠，我只是覺得瞭解不瞭解原是沒有一定的事。張惠言的《詞選》，極佩服溫詞，說他是深美宏約，那他應該是瞭解溫詞的了，然而我看他把溫飛卿的〈菩薩蠻〉解釋得一塌糊塗，簡直的是說夢話，在這裏我認為我是一個解人。深得吾友俞平伯兄的同意，好比「水精簾裏頗黎枕，暖香惹夢鴛鴦錦，江上柳如煙，雁飛殘月天」幾句，許多人卻以「江上柳如煙，雁飛殘月天」十個字為「惹夢」之夢境，即平伯最初亦以為如此。我心裏頗不安，覺得做那樣一個明明白白的夢反而沒有什麼意思，細看溫詞都不是這種寫法。我以為溫飛卿最不可及的就

是他的境界高，他寫的是閨中，而天下的山水彷彿都在他的筆下映照著，他想像一個美人在那麼的美地方住著，暖香惹夢，真是纏綿極了，而其時外面的天氣蓋是「江上柳如煙，雁飛殘月天」的時候也，所以作者一方面想像了那個人物，而一方面又把筆一縱，天地四方無不在意中，因此這個人物格外令人想像，要歸於詩人的思想非局促者可比。我看溫詞全是這一套筆墨。瞭解詩實在同無線電一樣，並不是處處可以接受得著，要一種相同的感應。古人做文章有許到意到而筆尚未到者，因其情思如湧，想像豐富，此類作品更不易瞭解，但也是莫可如何的事實。

我平常最喜歡莎士比亞的戲劇，覺得他的筆來得非常之快，非想像到他的不由自主的來意不可，然而英國人彷彿誰也懂得他，我卻以為不可解。我記得曹植〈洛神賦〉有兩句，「凌波微步，羅襪生塵」，這一個羅襪生塵的「塵」字我很有點不解，有一回問平伯，平伯他懂得了，他說這一個塵字並不是有一個另外的意義，是詩人的想像，想到神女在水上微步，就好像想到我們在路上走路飛起塵土來，我聽平伯這一講，頓時異想天開，彷彿面著茫茫湖上而望塵莫及了。我以為這也是意到而筆未到的一種例子，實在的，一切藝術本來是藉一種媒介而引起讀者與作者間的共鳴罷了。陶淵明有一首詩敘一種中年人的情思非常親切，末尾幾句為「蟻舟無須臾，引我不得住，前途當幾許，未知止泊處，古人惜寸陰，念此使人懼。」我以為「念此使人懼」的懼字，實在是當下的實感，而再無多話可說，他本是說我們坐在船上，還不知道泊在那裏才好，然而我所坐的船實在在那裏走，一刻也不能因我而遲留，於是想到古人惜寸陰而感到一種人生之嚴

肅，這個意思來得非常之快而實在不好說，所以我們要心知其意，然而我記得有一位先生告訴我說這是古人自歎學無長進，要愛惜光陰，甚矣，解人之難也。

我平常執筆，總是辛苦的用心，總想把自己的意思像畫幾何圖那樣的畫出來，覺得還少這種意到而筆未到的地方。蓋讀者之解與不解為一回事，而作者總要盡其力做到可解處又為一回事也。至於先生所說深入淺出四個字，確是我近來做小說所羨慕的一種境界，大概是年事稍大一種自然的結果，其實我的詩是比較為我最近的產物，有許多地方私心倒真以為是快到了深入淺出的法門，大概深入淺出並不是深者變了淺，深淺原是一定的，有一寸深就令人有一寸深的感覺，桃花潭水深千尺，澈底澄清可以臨淵羨魚，自然不同江海之水令人看不見底，然而總令人不勝深厚之感，不致於俯視無遺。作文本也可以算是一種「技」，有如庖丁解牛，漸漸可以練到一個不費力的地步，別人看他很容易，其實叫別人去幹，要費九牛二虎之力，神乎其技自然能神乎其道，天下的大事弄在手上若拋丸，這或者也是深入淺出的一種解法。那天我聽了先生的話後，路上曾這樣想過，詩與小說恐怕實在是兩種體裁，一個好比一位千金小姐，不出門一步，自己驕傲自己的天姿國色，一心要打扮得好看，結果也真個的絕代好看，路人見之忘其故步，瞻仰徘徊，然而這位女子當她臨妝對鏡時注意自己的意思多注意旁人的意思則少，這就好比是詩；又好比一位大架子的妓女，閱歷多了，什麼都見過，其對鏡自照的意思卻甚輕，然而打扮的本領非常之大，隨手都巧妙，隨人可有親近之感，然而她生來是個大方之家，誰也不敢狎而玩了，這就好比是一種小說，做到深入淺出的境

界。拉雜寫了這麼些，簡直的不知所云，然而先生引起我一個說話的興會，真是衷心的感到一種歡欣，總之先生當初登高一呼，為我們開了一個方便之門，而我自從入門以後，走了不少的路程，乃一旦忽然貫通之。這裏頭到底是一回什麼事，我覺得這是我們後起者應該有的精神，私心竊要好好的把這個文壇奠住，也正是「憑咱這點切實工夫不怕二三人是少數」，這裏頭的悲歡苦樂不可一言盡，更願先生有以教之幸甚。

廢名敬上，二月一日。

適之先生：

今天接到努力月刊出版的預告，真不知怎樣的歡喜；先生的健康不消說復元了，沈寫得死的出版界，又快活死了一場煩惱。

超先從故紙堆中騰出了這篇小說，表示刊暗地裏也在鼓勵罷。

　　　　　　學生　馮文炳。七日。

廢名致胡適書信手跡，作於1924年1月7日。

又發現廢名的三封佚信

——廢名書信研究之三

　　筆者於2006年5月12日在《上海新書報》發表〈廢名的書信〉一文，大力呼籲搶救廢名先生的書信。其時筆者已查到廢名另外兩封信，《廢名文集》、《廢名年譜》等書均不曾收錄。一信即〈新發現的一封廢名佚信〉（廢名書信研究之二）中講的廢名致胡適談新詩一信；另一信見於《作家書簡手跡》，香港名家出版社1980年5月出版。據陳子善老師告訴筆者此書是影印本，解放前萬象曾出過。可惜此信有殘缺，無收信人的姓名。後來陳建軍老師將自己對此信的研究結論告訴筆者，收信人為林語堂。新近得止庵老師郵件，知此文蒙編輯轉呈以得先生指教，又存一說：我覺得這是寄〈關於派別〉一文給林語堂時所加「附言」，無須上款，所以是完整的。又經先生親自校對糾正其錯字與漏行，全信如下：

廢名致林語堂手跡

這回想不到先生給了我一個煙士披里純寫了一篇長文章，雖見仁見知有不同，其同為正心誠意之處確是一樁大事，茲敬以呈教。此文在拙作中篇幅雖算長的，若較之先生之妙文章如〈怎

樣洗煉白話入文）至多亦不過相等，請准在《人間世》一次登
完，千萬莫把他切斷，因為我本來只寫了兩千字的，而正在病
中（此話大有叫化子露出瘡腿來伸手乞憐的樣子，然而確是實在的陳
情。）吐不過氣來還是要把他補成現在這樣的篇幅，是可見其有
不可切斷之苦心焉，若稿費則無妨打折。是為私心所最禱祝者。
久有一點意見想貢獻於左右，這回因為抄寫這篇稿子遂越發的
感覺到，便是簡體字提倡也可不提倡也可，別人提倡也可而我
們不提倡也可，我們如果偶然寫了幾篇紅紅綠綠的六朝那樣的
文章，豈不是亦大快事，簡體字豈不大為之損色？不讀書的人
豈能看得懂我們的文章？能讀書的人恐怕要討厭簡體字。故我
以為簡體字者非——林語堂先生主辦的雜誌所應提倡之字也。
實在簡體字者徒不簡耳，不簡手而煩目耳。在字模子上無所謂
繁簡，印出來看在眼睛裏筆劃少而難認耳。愚見如此，不知先
生以為何如？中國目下的事情不在這些小事情上面，而我們的
文章大事更不在這些小事情上面。匆匆不悉。敬請
道安

廢名上言　三月十七日夜

　　三月前筆者又發現廢名致黃梅人士的一封佚信。關於廢名與黃梅
地方名士的交往，已在拙作〈廢名在黃梅〉中有詳細考證，並傳出廢
名與滿清進士、著名書畫家于甘侯為廢名〈程家新屋姑母墓碑序〉扭打
之事。最近一匿名人士因藏有于甘侯字畫現身網路，在與筆者交流中又
透露其暗藏廢名書信手跡，筆者大為驚喜，才知許多名家手稿字畫流落

民間。其人神秘之餘，又頗慷慨大度，
將廢名手跡轉發給筆者。其信如下：

> 壯翁校長：
> 學生岳劍南申請書一紙，並證件
> 三件，謹代轉上。匆匆不一。
> 順頌
> 時祺
>
> 　　　　　馮文炳
> 　　　　　十月一日

收件人為校長廖秩道，字壯修，故
稱「壯翁」。廖秩道（1883～1946）是
地方教育家、著名士紳、日知會員，辛
亥革命後當選過湖北省參議員，在地方
上有較高威望與影響力。1932年復建
黃梅縣立初級中學時，為首任校長，至
1935年夏辭職。抗戰期間又兩度任校
長，一是1941年春至1942年夏出任校
長；二是1945年春復任校長，一直到
1946年9月逝世為止。

關於此信的寫作時間，岳劍南的
「申請書」中有涉及，此「申請書」全
文如下：

廢名致廖秩道手跡

申請書

竊學生因日寇進犯本邑時，即隨家父母逃難至福建長汀，於民國三十四年下季考取福建省立長汀中學肄業。今年六月一年級下學期將滿，急於復員回家，未能應學期試驗。長汀中學因難民回鄉關係，仍給予轉學證。回家時，正值秋季開學，當請馮文炳先生介紹，求入中學二上肄業。校長似照一般轉學生辦理，未蒙准可，劍南將因復員而失學矣！今日閱九月二十五日《武漢日報》，教育部對於復員學生業至為關心，除求設法入學校外，原為公費待遇生的，仍得申請公費待遇。劍南謹將轉學證、同學錄、成績單等三件，再呈校長請准入縣中二上肄業，並請公費待遇，是幸。謹呈

黃梅縣立初級中學校校長廖

學生　岳劍南　十月一日

　　從「申請書」的內容以及落款來看，此申請書作於1946年10月1日，這也說明廢名此信寫作時間應是1946年10月1日。此信的意義尚未完全凸顯出來，岳劍南為何人？從姓氏上推測，疑為廢名外家岳家灣人，可能出於這個關係，廢名代為遞交申請書和相關證件；但據我們所知，廢名在1945年春辭職與廖秩道不無關係，廢名在黃梅受到廖秩道、陶晉芳等人排擠是毋庸置疑的。此信也只是一份極其普通的便函而已，並無任何諂媚、奉承的言辭，可見此前廢名與廖秩道無任何私交，對其無多少好感。順提一筆，廖秩道逝世於1946年9月，所以他是沒有讀到此信的，也不可能幫這個忙了。

前幾天，黃梅文聯主席童話作家蕭夅告訴筆者，他在黃梅縣檔案局查得廢名書信兩封。筆者流覽後得知其一為上信，另一封為筆者所未見。該信亦是寫給「壯翁校長」的，全信如下：

> 壯翁校長賜鑒：
>
> 敬啟者
>
> 舍侄奇男係縣中學第九班畢業，畢業證書尚未發下。此次在武昌升學雖以臨時證明書覓人託教廳投考，考取之後仍必要縣中學另為證明畢業方能入學，原有之臨時證明書無效。乞賜證明為荷。耑此。順頌
>
> 時祺
>
> 馮文炳上
> 九月二十二日

此信時間年份應是1945年，裏面涉及廢名侄子馮奇男升學問題。馮奇男先生於1944年畢業於縣中，時年十六歲，未及時升學，於次年往武昌求學。

作於2006年3月～9月
原載《魯迅研究月刊》2008年第一期

附：

眉睫按：我在2008年第一期《魯迅研究月刊》上發表〈又發現廢名的三封佚信——廢名書信研究之三〉一文，引起該刊裝幀編輯用口先生寫來一封交流信，此信題為〈致眉睫先生〉發表於該刊今年第七期，下面並我的回信一起公布。

致眉睫先生——關於廢名佚信中的一個字

眉睫先生：

《魯迅研究月刊》第一期上發表的大作〈又發現廢名的三封佚信〉，其中第一封中有一個字和您討論一下。信中有一句「是可見其有不可切斷之苦心焉」，其中的「其」字，我覺得應該是「真」字。大作雖附有廢名此封佚信的手跡（此句話在手跡第一頁第八行），但因字跡潦草，的確不好辨認究竟是「其」字還是「真」字；我只是覺得如作「其」，讀起來感到不大順。現在看一看整個這一段話，我們一起來判斷一下吧：

此文在拙作中篇幅雖算長的，若較之先生之妙文章如〈怎樣洗煉白話入文〉至多亦不過相等，請准在「人間世」一次登完，千萬莫把他切斷，因為我本來只寫了兩千字的，而正在病中（此話大有叫化子露出瘡腿來伸手乞憐的樣子，然而確是實在的陳情。）吐不過氣來還是要把他補成現在這樣的篇幅，是可見其有不可切斷之苦心焉，若稿費則無妨打折。是為私心所最禱祝者。

如果按照現在寫的「是可見其有不可切斷之苦心焉」，根據它的上文，這「其」字是指的文章。說文章「不可切斷」固然不錯，但是說文章有「不可切斷之苦心」就不好理解了。文章會有什麼「苦心」呢？實際這句話應該是表明寫文章的人，也即寫信的人的「苦心」的。廢名在這一段話裏特別說明，他帶病將此篇原只有兩千字的文章增補趕寫出來，就是為了爭取在雜誌上一次發表完畢，他寧願稿費打折，也不願意將文章「切斷」分作兩次發表；而且這句話之後，他還補充說了一句「是為私心所最禱祝者」，一再強調「真有」這一番「不可切斷之苦心」，而不是隨隨便便向編輯提出他的這個要求的。因此，我以為此句寫作「是可見其有不可切斷之苦心焉」似更符合文意。

這只是我的主觀分析，並不能斷定，因為畢竟佚信手跡不清，寫此信僅供參考，並請指教。

用口　謹上
2008年4月24日

答用口先生——關於廢名書信手跡

用口先生：

第七期《魯迅研究月刊》上讀到先生的來信，我感到非常欣喜，難得先生如此認真，讓在下慚愧之至，真真覺得有必要向先生學習這種嚴謹認真的作風。先生的分析確乎有一種道理在，若按先生所說是「真」字，文意上尤為合情合理，只是我們並不能主觀臆斷。我再仔

細閱讀了這封信，竊以為從字形上講，較為接近「其」字。同一信中有「其同為正心誠意」句，也有一「其」字，上半字兩者非常接近，若是「真」字，上頭一撇似乎不會顯得那麼粗（且似有分叉跡象）。

不過由於先生的指教，在重閱中乃發現有幾處小問題。「而正在病中吐不過氣來」應是一整句，中間並無逗號，中間的插句是直接從「病」字那裏延伸出來的。二是：請准在「人間世」一次登完，「人間世」手跡中並無引號。先生回應中的摘引部分，也添加了引號，另外「怎樣洗煉白話入文」手跡中是引號，而先生又轉用書名號。這點似乎也應該值得我們去注意。如果均加書名號，較為統一，我們再另加注釋或可解決。此外，廢名手跡中有些逗號也打成一小點（像實心的圈），與手跡中一些實心的句號也差不多，而有些圈圈貌似句號實為抹掉之意，這些都給我們的整理工作帶來麻煩。以上都是先生嚴謹認真的作風教給我的，乃提出來與先生交流，並希冀得到先生的指教。

說來好笑，近年孔夫子網有兩宗拍賣「廢名手跡」者，實為好事者託名或模仿而作，先生如有興趣，不妨查看後比較下，有一模仿廢名「微言欣其知之為誨　道心惻於人不勝天」之聯句者尤為相像。這次我又找出廢名致廖秩道原信的手跡，發給先生欣賞，此信倒寫得乾淨、整潔、漂亮，並非「病中吐不過氣來」的廢名那一信之潦草模糊。

後學：眉睫　敬上

2008年8月29日

古今

「余戲擬半月刊第二〇期今將二十年，其……但細思之又空空洞洞一片，無從下筆焉。廢名之貌奇古，其額如螳螂，聲音蒼……初見者每不知其為何。所寫皆……

文章甚佳……只是……原……有先生傳……橋……

子亡十餘年……如親雁，次女若……如在北平，亦必……寫此

來赴。感念今昔，彌增根觸。余未能如廢名之悟道，寫此

小文，他日如能覓路寄一讀，或未必印可也。」

以上是民國廿七年十一月末所寫，頻日懷廢名，但是

留得底稿在，終於未曾抄了寄去。於今又已過了五年了，

藥堂

《古今》封面上的周作人〈懷廢名〉手跡

葉公超、廢名及其他

最近讀到傅國湧先生的《葉公超傳》，不由得想起他的得意弟子梁遇春，還有他另外幾個弟子和學生，如早年在北大的石民和廢名，後來在清華的錢鍾書、常風。無論中國現代文學史還是文化史，抑或外交史，記載葉公超的痕跡都顯得若有若無。他的弟子及學生也有著同樣的命運，雖然廢名、錢鍾書後來受到學界相當的關注。但長期以來，他們蒙批歷史的塵垢，早已淡出學人的視野。當中又尤以石民、常風為甚，何曾有人知道有個詩人叫石民，有個書評家叫常風？即以《葉公超傳》為例，其中對於石民隻字未提，可見石民被遺忘的程度，而傅先生關於其他諸人也只是片言隻語，顯得語焉未詳，這對於讀者未免是件遺憾事。

廢名出生於湖北黃梅縣城東門，據說不久他的父親馮楚池做了當地勸學所勸學員，是個小官，但家道由此中興。那時葉公超的父親在九江做知府，葉公超便生於九江。九

關於廢名

江與黃梅一江之隔，古時同屬潯陽郡。1917年，他們都離開了家鄉，廢名往武昌啟黃（黃岡）中學讀書，葉公超去了南開中學。後來，葉公超赴美國、英國攻讀外國文學，並在法國巴黎大學做過短期研究工作，後到北京大學教書，成為北大歷史上最年輕的教授。

　　廢名考進北京大學的時候，梁遇春、石民也來了，他們是同班同學。最初，他們並沒有太多的交往，都沉迷於新文學和外國文學。對於初進全國最高學府的青年學子來說，積累知識和學問肯定是最重要的，交朋友往往會疏忽。何況他們都是後來梁遇春所說的有「不隨和的癖氣」之特色，他們的特立獨行在北大校園是很著稱的。相形之下，廢名還是要活躍得多，顯現出名士之氣。他的文藝活動很早，剛進大學就發表詩歌和小說，引起胡適、陳衡哲等一些師生的注意。他還加入淺草社和語絲社，並且常常登門拜訪周作人、魯迅、胡適等人。五十多年後，葉公超在臺灣回憶說：「馮文炳（廢名）經常曠課，有一

葉公超（1904～1981），學者、外交家，廢名的老師。

種名士風度;梁遇春則有課必到,非常用功。」這樣,廢名在北大成為較早脫穎而出的文學才子,而梁遇春、石民還在刻苦用功地學習,感染著外國文學的風致和精神。

廢名以小說《竹林的故事》馳名於文壇後,梁遇春、石民也開始分別以散文和詩歌名世,而且他們兩人還是翻譯的好手。梁遇春成為人生派散文的青春才子型作家,石民成為象徵詩派驍將,就是在那時形成的。他們三人在文學史上的地位也在那時開始奠定,又因相似、共通的審美觀和文學趣味,再加上北大同學的關係成名後走在一起也是必然的。

廢名北大畢業照

葉公超和梁遇春的關係異常密切,梁遇春也因葉公超的關係喜好英美小品文,兩人尤嗜蘭姆。1928年,葉公超到暨南大學任教,便約請剛剛畢業的梁遇春做他的助教。於是梁遇春獲得了「少年教授」的美譽,這很令人想起葉公超初到北大。

葉公超、廢名、梁遇春和石民的友情在廢名主編《駱駝草》時期,和梁遇

春逝世前後表現得最令人羨慕和感歎。那時廢名、梁遇春因葉公超的緣故與《新月》關係密切，以致葉公超晚年還説廢名是「新月派小説家」。葉公超與廢名的關係早就突破了單純的師生之誼，他很尊重廢名不一般的文學才華和影響，在北平他多次向苦雨齋老人詢問廢名的情況，並登門拜訪廢名，還將其叔父葉恭綽所著《桂遊半月記》贈與廢名。

梁遇春在上海真茹的時候，與石民通信頗多。1930年初返回北大之後，幾乎天天與廢名在一起，與石民的通信也更加地多起來。這些信件成為後世文人接觸梁遇春的文字和他們之間的友誼的最直接和最原始的資料。記得廢名曾在〈悼秋心〉中就盛讚梁遇春的書信有灑脱的文風和優美的意蘊。這些書信，真是一篇篇好散文，讓我們接觸到更真實的梁遇春和他的文字。世人都説梁遇春是青春才子，風度翩翩。其實這是詩人應有的氣質，而石民正是這樣的一個詩人。溫源寧曾對廢名和梁遇春説：「石民漂亮得很，生得像Angel！」梁遇春也説石民具有「徹底的青春」，而一般人想像的少年公子形象的梁遇春卻以暮氣滿面的「中年人」自居。廢名則有隱士之氣，梁遇春連連在致石民信中佩服廢名的靜坐工夫。三人的性格有些不同，各自的文體偏好也不同，而能走到一起，這真是文壇佳話。

廢名主編《駱駝草》的時候，常催梁遇春寫稿，其中有幾篇關於失戀的文章是背著妻子寫的，偷偷拿給廢名發表。《駱駝草》是個小型週刊，由廢名主編，馮至做助手。這是一個同仁刊物，著名的京派發軔於此。只可惜，不到半年就停刊了。廢名對《駱駝草》頗有感情，這是他北大畢業後親自主持籌辦的刊物，但終因馮至出國和其他

原因，未能維持下來。1930年12月5
日，也就是在停刊後一個月，廢名又有
了復興《駱駝草》的念頭，並邀請梁遇
春擔任些職務，可惜梁遇春固辭。這個
刊物，算是永久停了，但他們之間的友
誼之花並不因此而凋謝。

梁遇春（1906～1932），
散文家，廢名的同學。

　1931年初，石民因與北新書局老
闆李小峰吵架而失業，梁遇春託葉公超
和廢名在暨南大學、北京大學謀教書或
辦公處的職務，更希望廢名能夠成功，
讓石民在北京大學辦公處做事，這樣兄
弟三人就「大團圓」了（梁遇春語）。
石民失業後，愁苦了一陣子。幸虧詩人
「愁悶時也愁悶得痛快，如魚得水，不
會像走投無路的樣子」（廢名語），若
真是如此，詩人其有幸乎？！

　　廢名、梁遇春、石民之間最能
得人和的，恐怕是廢名。梁遇春說：
「雁（按：指廢名）飛去後，有時就覺
得人間真沒有什麼可以暢談的人。雁
君真是不愧為紅娘，他一去，你（按：
指石民）的信就滔滔不絕的來，愁悶
如我者，自己也不知道多麼歡喜。」

而對於事理的見解，梁遇春也常佩服廢名的獨到之處，他視廢名如兄長。

1932年6月25日，梁遇春逝世。葉公超、廢名等人發起追悼會，並整理出版他的遺著，此書由廢名、石民作序，葉公超作跋。這樣四人師友的情誼在《淚與笑》中得到完整的保存下來。葉公超、廢名、梁遇春在北平常有相聚的機會，倒是石民與他們見得少，以致梁遇春感歎說：「雁君飄然下凡，談了一天，他面壁十年，的確有他的獨到之處，你何時能北上與這班老友一話當年呢？」沒想到梁遇春先走一步，他們再沒有一話當年的機會了。

石民後來在國立武漢大學謀得教職，他感念於他與廢名的情誼，時常從武昌到漢口看望廢名長兄馮力生先生，並以弟居。石民在1937年還有信請周作人轉交廢名，但萬想不到的是詩人竟死於抗戰之中，而那時廢名已避兵鄉間，與文學界斷了消息。他知道石民的逝世是在戰後。關於詩人石民（1900～1941）不妨多提一些。他是湖南邵陽人，詩人、翻譯家、編輯。著有詩集《良夜與噩夢》，譯有《曼儂》（與張友松合譯）、《巴黎之煩惱》、《憂鬱的裘德》等。他與魯迅、胡風也有過密切交往。梅志曾引用石民內侄女尹慧珉的回憶說：「石民有三個女兒，一個在英國，兩個在美國。」石民的太太尹蘊緯女士1992年在美國逝世。

抗戰爆發後，葉公超隨學校遷到大後方，同時苦勸知堂南下，結果是不能令人滿意的。知堂附逆了，接著是下獄。1946年秋，廢名和馮健男經南京到北平。途中，借葉公超的關係探望了獄中的周作人。葉公超棄文從政，恐怕這是廢名始料不及的。那時他們見面會說些什麼呢？

　　到了上世紀七十年代末，臺灣出版《新月派小說選》。葉公超在序言中說：「廢名是一個極特殊的作家，他的人物，往往是在他觀察過社會、人生之後，以他自己對人生，對文化的感受，綜合塑造出來的，是他個人意想中的人物，對他而言，比我們一般人眼中所見的人更真實。廢名也是一個文體家，他的散文與詩都別具一格。」葉公超在半個多世紀後對廢名的文學成就仍然念念不忘，甚至把他作為新月派最特別的一個代表人物。但此時廢名已謝世，此前兩人海天相隔，並無交往，梁遇春和石民則早早長眠於地下。

石民（1901～1941），詩人，廢名的同學，這是石民翻譯的《巴黎之煩惱》。

　　在葉公超的弟子與學生當中，當然是錢鍾書成就最高，同時也為世人所熟知。他與常風交誼很深，但與駱駝草三子似乎沒有交往，也幾乎不曾互相提及。常風與梁遇春一樣，是葉公超的弟子，而石民、廢名、錢鍾書則只能算是學生。

　　葉公超是一代文化名人、政治名人，因種種原因湮沒於歷史之中。但

他不是一個可以埋沒的人，他們師友四人都不是可以埋沒的人。《葉公超傳》借助他人日記、書信以及回憶文章等對葉公超的生平事蹟做了詳細整理、爬梳，為我們提供一種新的人物傳記的書寫模式。但該傳對葉公超與他的弟子及學生的關係描述不清，只怕是不應該的遺憾了。

作於2005年5月

廢名與周作人

周作人之於廢名，可謂心靈導師；廢名之於周作人，可謂真傳弟子。關於兩人師徒關係的形成、發展，歷來少有考訂。筆者稍加注意，並就一些新資料和疑點進行訂正。至於世人所熟知的三十年代廢名與周作人的交往，本文只做簡單回顧。

一、廢名早年與胡適、周作人、魯迅的交往

廢名最早的文學活動，只見載於《談新詩》。經筆者從廢名研究專家陳建軍先生處獲悉，再經由筆者的考證，其詳細情況如下：1916年，廢名進湖北第一師範讀書，章黃學派嫡系傳人劉賾（博平）自北大畢業來校任教，課堂上他用鄙夷的語氣告訴學生北京有個胡適在倡導新文學。從此，廢名知道了胡適，並開始接觸《新青年》等刊物，陶醉於新文學，並嘗試白話詩文創作。據廢名哲嗣馮思純先生回憶，廢名在武昌曾與共產

黨早期領導人陳潭秋辦過進步刊物，並結識董必武、熊十力等激進人物。只是可惜今已無詳細資料可以考察和佐證廢名在武昌的文學活動和思想蛻變過程，但這一時期的文學訓練、文化薰陶，必然為廢名日後走上文壇打下良好基礎。

值得一提的是，廢名至遲在1921年11月即與周作人取得聯繫，並將自己的詩文稿寄給周作人審閱。在廢名1922年秋進入北大之前，兩人已通信多次。至今周作人家還保存有1922年5月廢名寫給周作人的一封信：

作人先生：——

我愛文學，愛先生，也愛魯迅先生。前天遇着一個從北京回來的朋友，他說魯迅先生是先生的弟。我的理性告訴我，這不必另加歡喜，因為文壇上貢獻的總量，不因是兄弟加多；先生們相愛的程度，不因是兄弟減少。然而我的感情，並不這樣巧於推論，朋友的話沒說完，我的歡喜的叫聲已經出來了。

去年因幾篇拙作的稿子，博得先生那多的教訓，至今想起來，還覺不好意思得。——這在先生看來，也許是不正當的態度，虛禁忌的發現。因為先生的廣大的愛河裏，什麼歡欣果而都容得着。

何況是雖然未成熟，卻帶含有一樣的生命的果子。

現在又寄上幾篇，都是得了教訓以後試作的，或者仍然犯了以前的毛病亦未可知。但是自己是不能知道的了。希望先生在費一點工夫，隨個指正！

「……我們上帝憐憫的心腸，叫清晨的日光從高天臨到我们，要照亮坐在黑暗中死蔭裏的人，把我们的腳引到平安的路上……」

「你黑暗，照你的信心，給你成全了……」

馮文炳謹上

這是迄今發現的廢名致周作人最早的一封信

作人先生：

我愛文學，愛先生，也愛魯迅先生。前天遇著一個從北京回來的朋友，他說魯迅先生是先生的兄弟。我的理性告訴我，這不必另加歡喜，因為文壇上貢獻的總量，不因是兄弟加多；先生們相愛的程度，不因不是兄弟減少。然而我的感情，並不這樣巧於推論，朋友的話沒說完，我的歡喜的叫聲已經出來了。

去年因幾篇拙劣的稿子，博得先生那多的教訓，至今想起來，還覺不好意思得。——這，在先生看來，也許是不正當的態度，虛榮心的發現。因為先生的廣大的愛河裏，什麼骯髒東西都容得著，何況是雖然未成熟，卻也含有一樣的生命的果子。

現在又寄上幾篇，都是得了教訓以後試作的，或者仍然犯了以前的毛病也未可知。但是自己是不能知道的了。希望先生枉費一點工夫，給個指正！

「……我們上帝憐憫的心腸，叫清晨的日光從高天臨到我們，要照亮坐在黑暗中死蔭裏的人，把我們的腳引到平安的路上——……」（《路加福音》第一章）（按：原件無書名號和括弧。下同）

「……你回去罷，照你的信心，給你成全了……」（《馬太福音》第八章）

馮文炳謹上

當然，此時廢名也很崇拜魯迅，喜讀魯迅的小說。2006年春，筆者作〈新發現的一封廢名佚信〉一文，披露廢名致胡適一信，此信《廢名文集》、《廢名年譜》均不曾收錄，亦未見學界提及，但從此

信中又可搜尋出廢名早年在武昌的一些文學活動情況的蛛絲馬跡。可以更多地讓我們瞭解武昌時期的廢名與胡適、周作人、魯迅的關係。在該信中第二段,廢名說:

> 先生是文學革命的元勳,那時我還是一個小孩子,在一個中學（按:此為籠統說法,應指1916～1921年的五年師範時期）裏念書,受了影響,第一回做的白話文就是一首白話詩。當時《嘗試集》是讀得最熟的了。記得後來到北京時曾寄了幾首詩給先生看。慢慢的我做小說,開張第一回就刊登於《努力週報》,給了我一個很大的鼓勵。從此繼續著做下去,始終不懈。無論後來有怎樣的進步,想起那時試作時的不寂寞,真真是一個最大的歡喜。因為有這樣的因緣,我對於先生不但抱著我們今日從事文學的人,對於一個文學革命先驅應該有的一個敬意,實在又有一種個人的感情。

從這封信中,我們可以看出,廢名在武昌時非常喜歡新詩,「第一回做的白話文就是一首白話詩,《嘗試集》是讀得最熟的了」。這時,廢名對胡適是多麼的崇敬,是有「一種個人的感情」的（當然,那時廢名也喜歡周作人的〈小河〉,稱它是「一首傑作」）。後來廢名到北大讀預科,寄了幾首詩給胡適,又往胡適主持的《努力週報》投稿,首先發表的就是新詩〈冬夜〉、〈小孩〉,其後又在《努力週報》發表小說,引起陳衡哲、胡適等人的注意。可見,廢名當年考北大,胡適對他的吸引力是很大的,毋寧說他是衝著「北大」、「新文

學」、「胡適」去的,當然周作人、魯迅對他也有很大的吸引力。但絕對不是此前學界一般認為的廢名是因周作人而考北大,通過廢名在1921年左右與周作人通信的記載,我們甚至可以猜測,此時廢名也應該寄信與文稿給胡適、魯迅了。

總之,在武昌讀師範時期的廢名浸淫新文學,視胡適、周作人、魯迅為精神偶像,也立志做一個新文學家,但對他們三人並無取捨的偏向,而是一視同仁,各自有廢名尊重、喜愛的地方。

二、吾誰與歸:選擇周作人

1922～1924年,廢名在北大預科就讀,胡適主持的《努力週報》成為培養廢名的第一塊文學園地。廢名還參加淺草社的文學活動,不久在北大校園獲得一些文名,以至一些朋友很容易看出是他的文章。同時也引起陳衡哲、胡適、周作人的注意。陳衡哲在致胡適的一封信中還專門提到廢名1923年發表的小說〈我的心〉,周作人還鼓

胡適(1891～1962),廢名早年所崇拜的導師之一。

魯迅（1881～1936），廢名早年所崇拜的導師之一，廢名的早期小說尤其受到他的影響。

勵廢名出小說集，並答應為他作序。只是個性和特色還沒有完全顯露出來，魯迅評價說：「後來以『廢名』出名的馮文炳，也是在《淺草》中略見一斑的作者，但並未顯出他的特長來。」不久廢名在《語絲》發表成名作〈竹林的故事〉，其鄉土抒情特色才為讀者所熟知。1923年9月7日，廢名首次拜會周作人。兩人由通信到見面，關係有所發展。1923年冬，《努力週報》停刊後，廢名曾聽聞胡適將主持《努力月刊》，欣喜地給胡適寫信：「沉寂得要死的出版界，又將聽見了一聲霹靂。」郭濟訪《夢的真實與美：廢名》中也有關於廢名拜見胡適的記載，雖是猜測，但也值得玩味。廢名此時尚未與魯迅見面，但他對魯迅是極其尊敬的……，或許敬而遠之？1923年廢名發表的〈浣衣母〉就有魯迅鄉土小說的影子。直到《語絲》創辦以後，廢名才有了拜見魯迅的衝動，可惜第一次拜會因魯迅不在而未見，廢名留下《現代評論》及《語絲》各一冊而離去（此時廢名尚未在二刊

發表文章，並不是某些人推測廢名拿著刊
載有他的文章的刊物向魯迅請教）。當天
魯迅在日記中寫道：馮文炳來，未見。

　　《語絲》時期，是新文學陣營分
裂與重新整合時期。對於廢名個人而
言，是成長道路上一個重要的轉折時
期，廢名從此走向成熟。《語絲》前期
（1924～1927年），廢名作為《語絲》
的重要撰稿人之一，與周作人、魯迅通
信、見面的機會很多，直接受到兩人的
教導。廢名許多著名小說，都在《語
絲》發表，並在《語絲》連載長篇詩化
小說《橋》，成為「語絲派」的一個重
要小說家。在與現代評論派的鬥爭中，
廢名勇敢地站到了兩位老師跟前，為之
吶喊、呼號，顯出「勇士」的風姿。但
在《語絲》後期（1927年以後），廢名
開始偏向周作人。此時魯迅、胡適已南
下，三人當中僅周作人留在北平，廢名
尚未大學畢業，常常出入苦雨齋是很正
常的，於是廢名漸漸成為周作人的私淑
弟子。留在北平的一班作家，把苦雨齋
作為精神寄託之地，在心靈上相互安

廢名贈周作人的照片

周作人（1885～1967），廢名的精神
導師，廢名一生對他恭執弟子禮。

慰。「三一八事變」、「張作霖之亂」
後，新文學陣營徹底瓦解，廢名也很苦
悶，以至輟學卜居西山，並在周作人的
介紹下租住川島的房子，同時在成達中
學教書。這一時期，廢名與周作人基本
確立了師徒關係，兩人關係極其密切。
廢名一度住在周作人的家裏，「常往來
如親眷」，並在其家中完成名篇〈菱
蕩〉。可見，彷徨苦悶中的廢名，最終
選擇了周作人，是當時實際情形和客觀
歷史形成的。至於性格與審美上的趨
同，只是其外在表現。

三、「周門四學士」

1929年，廢名北大畢業。不久廢
名懷著對文學的癡心，以及對《語絲》
停刊的惋惜，在周作人的指導下籌辦
《駱駝草》週刊。這時，廢名已開始
獲得獨立的人格、成熟的風格，最著名
的兩部長篇《橋》和《莫須有先生傳》
同時進行，成為文壇矚目的著名作家，
並與梁遇春、石民齊名，號稱「駱駝草
三子」。北方的文壇，基本以周作人為

盟主,而廢名是其麾下最得意的弟子。此外,還有俞平伯、江紹原、沈啟无,時號周作人門下四大弟子,可謂「周門四學士」(眉睫按:據1934年7月28日周作人答日本記者問,他是把俞平伯、廢名、冰心作為得意門生,又據1936年10月3日《鐵報》上的〈周作人的三位高足:俞平伯、馮文炳、冰心〉為佐證,「四大弟子」一說或許外界據1933年《周作人書信》以及五人密切關係的誤傳、誤認)。截至1937年為止,廢名與周作人一直保持親密的關係,在文壇上相互唱和,一同開創了京派的文學流派,這些都值得在現代文學史上大筆書寫。

對於魯迅的同情革命,廢名在〈《周作人散文鈔》序〉中表現了一些微詞,而魯迅早在讀到廢名的《駱駝草》發刊詞中就已察覺出廢名「轉向」了,對此,魯迅在致川島的信中予以否定性評價。魯迅還對廢名吹捧周作人更是反感至極,在致許廣平一信中竟罵廢名是周作人之「狗」!此時,魯迅對廢名雖賞識其才華,但對其思想、情趣幾無好感,並為其轉向感到惋惜,曾作〈勢所必至,理有固然〉一文重重批評了廢名的文學觀,所批評的也即是周作人一派的文學觀。

廢名與胡適的交往一直比較淡,胡適對廢名未見得有很多的讚賞,直到三十年代,兩人雖仍有交往,但所談僅限學問——廢名對胡適的新詩觀頗為不滿,而廢名的詩論並沒有引起胡適的重視。據說廢名在上「現代文藝・新詩」以前曾問過胡適這門課怎麼上,胡適叫他按照《新文學大系》上講,意若按照胡適的「談新詩」一文講即可,廢名卻在課堂上大說胡適的不是,一口一個胡適之。後來,廢名還因「讀不懂的新詩」事件,到胡適門上叫板,「找胡適麻煩」,兩人的關係也挺有意思的——這樣,胡適還會對他很「感冒」嗎?胡適是一

個非常愛惜羽毛的人，對於廢名這種較真的「憨牛」，他的好感只會越來越少。

以上可見，廢名最終選擇了周作人，並沒有錯：魯迅難於接近，胡適對他好感不大。而周作人繼續在思想上影響廢名，廢名無論文學觀、審美觀以至政治觀、文學史觀都深深刻著「周作人」的烙印。

四、抗戰期間廢名與周作人的交往

1937年7月7日，日本發動全面侵華戰爭，攻佔北平，政治靈敏度極低的廢名還在信中與卞之琳大談「瀑布清聽」。這時左翼文人紛紛南下，騷亂之後的北平寂寞冷清，一個偶然的因素促使廢名提前南下了——1937年10月26日，廢名母親還春師太圓寂。於是師徒兩人於當年12月離別。有一個疑問是：如果沒有廢名母親圓寂的偶然因素，廢名會離開北平、離開恩師周作人嗎？這個問題要到後面二人的交往才可以回答。

廢名回家後，很快與周作人通信。1938年3月，自兩人離別後周作人第二次回信給廢名，6月又寄信廢名。不久廢名收到卞之琳的信及其與何其芳主編的《工作》，得知周作人附逆。廢名起先固執地認為不可能，直到1944年廢名才知道恩師確已附逆，但他仍然說：即使附逆，知堂老人還是愛國的，是他特殊的愛國方式。1941年元旦廢名寄周作人〈說種子〉一文直至1944年初，不見兩人通信的記載，因為郵路已經不通了。

這期間有兩個重要史料是學界所不知的，一是：1944年，周作人寄信廢名要他回北平，估計是安排他在偽北大任教。後來又有日本士兵找到廢名，說已經和周作人聯繫好了，找你去北大教書，面臨著日

寇的威逼利誘廢名堅決不回北大。此事在廢名的家鄉黃梅流傳很廣，被視為廢名先生有著崇高氣節的一面。拙作〈廢名在黃梅〉在《新文學史料》2005年第三期發表以後，北大老教授、物理學家張之翔讀後在致他的侄子雜文家張雨生的信中還回憶到：「梅杰（眉睫的原名）的文章中有一件重要的事沒有講到（眉睫按：其實已講到，就是引用岳松秋先生的拒任偽職一事，只是我未具體說明），就是1943～1944年間，周作人任偽北大校長（眉睫按：此處為張老誤記，周從未任偽北大校長一職，致廢名信的時間應為1944年），曾寫信請馮文炳到北大任教，馮先生沒有接受。這事我在北山寺上縣中時就聽說過，後來曾問過馮健男先生，得到證實。我覺得這是一件大事，它顯示了馮文炳先生的民族氣節，令人欽敬。抗戰勝利後，北大從西南聯大復原，請馮先生來北大任教，他就欣然來了。」通過這個事件，我們可以肯定地說：即使沒有廢名母親圓寂的偶然因素，廢名遲早也會離開北平、離開恩師周作人的！這是廢名與周作人不同的地方所在。二是：1944年的「破門聲明」事件，也曾波及到遠在黃梅的廢名，周作人也給廢名寄去了「破門聲明」的明信片，被廢名的幾個學生收到，他們拿給廢名看。可見，廢名是知道沈啟无被恩師逐出師門的。此後，周作人還寫信問廢名《談新詩》出版的事。以上基本是周作人與廢名在這一期間的交往。

五、戰後的廢名與周作人

1946年9月，廢名與當年考取北京大學西方語言文學系的大侄馮健男一同離開黃梅。到南京的時候，為了表達對恩師的感情，在時任

國民政府外交次長的朋友葉公超的幫助下，廢名與周作人在老虎橋監獄中見了一面。廢名並未表達此次會面的感想，他對恩師的行為和下場只能表示理解。

廢名到北大首先是去拜見胡適，此時胡適已是北大校長了。據廢名的北大學生鄧雲鄉回憶，胡適似乎看不起此時的廢名一身鄉下打扮，兩人隔閡至此。此後也無什麼深的交往。

1949年1月，周作人被保釋出獄。廢名開始與周作人取得聯繫，考慮到周作人的艱難生活，他熱心地在老朋友中為周作人募捐，並親自解囊相助兩萬元。直到1950年，還有廢名到周家賀年的記載。在那特殊的政治年代，周作人的許多老朋友都避之如鬼神，而廢名毫不在乎，依然我行我素，保持與恩師的來往，並大力相助，在生活上有很多照顧，以至在一個寒冷的冬天，為周家拉來一車煤炭。

藍翎在《默默動情——當代文史鉤沉》中回憶說：「1952年全國高等學校院系調整前，在某大學裏曾發生過

廢名《談新詩》初版本

一件小小的教材風波。一位教現代文學的老師所選的教材裏，有二十年代就成名的小說家廢名（馮文炳）的作品，被有關領導人知道了，作為嚴重的教學思想問題進行批評，要求從中汲取教訓，改造思想，轉變立場。此後，選他作品的那位老師被調走了。」從這個教材風波中，我們可以看出廢名當時在政治聲名上已有「不良影響」了。這似乎與廢名在解放初與周作人的密切來往有點關係，只是找不到更確鑿的證據。不過周作人曾不無擔憂、坦誠地說：「廢名人太真率，只怕因我而受連累，甚至會吃虧的。」北大中文系曾開批判會批評廢名，說他立場不堅定。最嚴重的後果是，1952年，廢名被排擠出北大。

此後周作人與廢名聯繫漸少，但他們在心底，會思念著對方嗎？據《周作人年譜》記載，1957年12月14日周作人外出購買一冊新出版的《廢名小說選》，可見周作人在心裏還是想念廢名的，這比抗戰期間「懷廢名」更難熬、更蒼涼吧！又據周作人1961年7月31日致鮑耀明信，信中有提到周作人與俞平伯、廢名二君的交往，只是不常通信。

十年後，也即1966年8月24日，周作人遭受紅衛兵毆打，並於次年5月6日死去。此時廢名也已生命垂危，在家被抄以後，喃喃地問道：中國的文化大革命到底是怎麼回事？1967年9月4日，下午1點多，廢名也離開人世。中國現代文學史上開創京派的師徒二人就此永遠地離開了。

作於2006年6月

原載《藏書報》2007年4月2日

廢名致周作人書信的信封，該信作於1929年10月10日。

馮健男與廢名

1987～1988年馮健男先生曾著過一冊《我的叔父廢名》，專述他所知道的廢名，所採用的形式與筆調是散文式的。這一冊小書，在1995年出版時，就不曾受到廣泛關注，印數僅五百本。到了今日，恐怕更無人知道了。至於馮健男其人，生前產生過不小的影響，有論者譽為河北首屈一指的文學評論家、中國當代著名文學評論家，但近幾年來也無多少人提及了。每每翻閱《我的叔父廢名》一書，心中不禁感慨萬千。

馮健男，1922年4月13日生。廢名在1922年9月作的自敘傳小說〈一封信〉中提到的「健兒」便是他。三十年代在武漢讀書，1943年畢業於黃岡高中。1946年考取北京大學西方語言文學系，於當年9月隨廢名到北大。1949年3月，參加中國人民解放軍，隨軍南下，1950年加入中國共產黨。曾任中南軍大廣西分校宣教幹事、第四野戰軍《戰士報》主編。1953年秋，在北京《解放軍文

關於廢名

藝》任編輯和評論工作，1956年春轉業後，曾在張家口地區《長城報》社、地委宣傳部、河北省文聯工作。1962年加入中國作家協會。1974年春到河北師範大學中文系任教，1979～1984年兼任系主任，為河北師大中文系碩士點締造者。其他職務有中國當代文學學會副會長、中國小說學會副會長、河北省文聯作協顧問、河北省文學學會會長等。主要著作有兒童文學暢銷書《東山少年》、文學評論集理論集《作家的藝術》、《創作要怎樣才會好》、《作家論集》、編著有《河北當代文學史》、《晉察冀文藝史》、《晉察冀文學作品選》、《荷花淀派作品選》、《馮文炳選集》、《廢名散文選集》（前兩種為中國1949年後最早的地方文學史），並校點了廢名的《談新詩》。此外便是這冊《我的叔父廢名》了。其他還有一些散文、詩歌、文藝評論等。馮健男先生於1998年8月21日病逝。

廢名一共有五個子侄：馮健男、馮奇男、馮改男（止慈）、馮康男、馮思

馮健男（1921～1998），著名評論家、廢名研究專家，廢名的侄子。

純。其中筆者見過三個，惟馮健男與馮改男（止慈）緣慳一面。但我最想瞭解的還是馮健男，他是受廢名教育最多的一個，可以説繼承了馮家的文學教育傳統。如果沒有馮健男，八、九十年代的廢名研究將是不堪設想的，廢名文學價值的發掘起碼要推遲一、二十年。

三十年代馮健男在武漢的時候，廢名的同學詩人石民就經常去他家，交流詩歌，年少的他受到文學的薰陶。廢名回黃梅老家也必經過武漢，經常送書給馮健男，還講解故事他聽。四十年代則受廢名言傳身教，廢名簡直是把他當兒子看的。這與廢名的五個子侄惟健男年齡最長肯定是有關係的，再加上馮健男本身就有大量的文學細胞，那時叔侄兩人經常一起談論古今文學再自然不過（而其他子侄彼時尚幼）。五十年代以後，馮健男有了自己的部隊生活和文學道路，廢名又忙於教書，兩人才少見面，而多書信往還。

因特殊的血緣關係，馮健男掌握了廢名研究的第一手資料，可以説，馮健男先生是新時期第一個廢名研究專家。雖然現在不少廢名研究者對馮健男的廢名研究觀點責難頗多，認為陳舊落後，但筆者仍然認為在廢名研究領域，馮健男先生功勞很大，一是他保存了廢名研究資料，二是整理出版了廢名主要著作，三是第一個對廢名作品進行系統研究的人。從改革開放一直到1997年，廢名研究基本還是以馮健男先生為中心，也大多沒逃出民國文人原有評價和馮健男觀點的框架。甚至，我們從《我的叔父廢名》中還可以看出他對廢名研究具有許多前瞻性，後來者只是深入開拓而已。

細讀《我的叔父廢名》我們會發現，這本書簡直不是傳記，雖然它被收入「名人子女寫名人」的傳記叢書中。馮健男很少寫到廢名的生

關於廢名

名人子女寫名人丛书

我的叔父廢名

馮健男 著
MING REN ZI
NÜ XIE
MING REN
CONG SHU

接力出版社
JIE LI
CHU BAN SHE

馮健男著《我的叔父廢名》

平，也很少寫到他與廢名的交往。甚至連抗戰期間的幾年，他與廢名可謂朝夕相處，卻也沒有多少筆墨寫廢名的一些瑣事，所談所論仍是文字中原本記載的事蹟。這恐怕是為親者避諱吧！一些無關緊要卻又最能顯示人物性格思想的瑣事反倒不便著墨了。所以，《我的叔父廢名》真的不是廢名的傳記，而是關於廢名的論集，只是其筆調散文化而已。

　　《我的叔父廢名》一書共十九篇，第一篇〈從這支筆說起〉是一個引子，主要是講馮健男與廢名的一些點滴交往，點明了兩人之間的關係。往後則分述廢名的故鄉、家庭、交遊等，以上是外在生平研究；從〈廢名愛樹〉起到〈窗〉，分別闡釋分析了廢名的文學情趣以及廢名對詩歌、小說的感悟，包括廢名的對聯藝術和翻譯才華，以上是內在精神藝術研究；最末兩篇是〈廢名的論者〉，講述不同時期研究者對廢名的評價。此書真可謂麻雀雖小、五臟俱全！點點滴滴，分析得玲瓏剔透，彷彿字字珠璣，為後人稱引不衰。這一冊

小書雖不是學術著作，但它的體例其實已經構建了日後廢名研究的框架。從1997～2007年的廢名研究，在一定程度和範圍內是在不斷完善馮健男的廢名研究，也尋找了很多新的增長點，並在一些思想觀點上有了大的超越突破，如止庵研究散文家廢名、格非研究「廢名的意義」，現在許多學者又廣泛深入研究廢名詩歌及其詩論，甚至有人研究佛學家廢名了。對廢名生平的研究則又新增筆者的〈廢名在黃梅〉和廢名哲嗣馮思純的〈廢名在長春〉（「廢名在武昌」還有待挖掘）。一個完整的活脫脫的廢名將逐漸浮出水面，為廢名立傳、寫專著的條件、時機已漸趨成熟。

今年7月～10月將先後出版兩種廢名的著作或有關廢名的書籍：《廢名詩集》、《廢名講詩》。此二書皆為紀念廢名逝世四十周年所出，不過各自有自身的獨立價值。兩書皆為吾師陳建軍先生編訂，蓋廢名之文學成就，唯詩歌詩論尚有大力發掘之意義，此二書為首次全面出版廢名的詩歌、詩論。我相信，此後將會有越來越多的人知道廢名的文學成就，越來越多的人喜歡廢名的詩文，未來十年將有一個持續的廢名研究熱潮，未來二十年廢名將在文學史上完全確立大師的地位。馮健男先生若知此，想必也含笑九泉了。

馮健男先生不獨研究廢名貢獻卓著，其實他本質上也是個作家，卻為評論家的聲名所掩。作為評論家的馮健男，主要對荷花淀派、山藥蛋派研究最深，這兩個文學流派的確立與他都有直接關係，他是這兩個流派特別是荷花淀派的理論作家。據筆者拜訪馮健男先生的弟弟馮康男先生，他說長兄在逝世前遺留有已經編好的三冊遺稿：一曰《馮健男散文》，二曰《說廢名》，三曰《馮健男文學評論選》，因

種種原因未能出版。馮康男先生又說：「哥哥曾說：我其實是一個散文家，其次才是一個評論家。」我們期待著中國文藝界，特別是河北文藝界重視這位河北首屈一指的文學評論家、中國當代著名文學評論家的遺著，整理出版《馮健男文集》，至少應將馮健男先生生前自己整理好的三本著作出版問世。希望馮健男與廢名叔侄兩人在中國文藝界受到更多的重視，其人其文應不朽矣！

作於2007年8月

原載《藏書報》2007年8月27日

廢名在黃梅

中國現代著名京派文學家廢名深愛他的家鄉黃梅，家鄉的田園風光、佛禪文化孕育了他的創作。黃梅是中國禪宗的發祥地，也是黃梅戲的故鄉。廢名在此度過了美好的童年，並於抗戰期間在家鄉避難、居住達九年之久，深深影響他以後的文學觀和思想走向。近些年來，許多專家學者走訪廢名家鄉，希冀從中獲取廢名作品與其家鄉的文學因緣關係之線索，但往往無功而返。箇中緣由，一是研究者不通地方資訊，二是地方人士難以從整體全面把握廢名其人其文，不知道哪些資料對廢名研究有重大作用，且又因地方資料稀少分散在各處，導致不能滿足研究者要求。筆者試圖根據現有資料細密爬梳、綜合整理、鑒別真偽得出廢名在黃梅的基本真實情況，以供研究者參考。為方便起見，本文分上下兩篇進行評述。

短篇小説集《浣衣母》，多人合著，因内收廢名的著名短篇小説〈浣衣母〉而得名。

上篇：1901～1916年

關於廢名出生地之考證。廢名的出生地素有以馮健男為代表的小南門通説、傳聞大南門的傳説（見於周作人、俞平伯、沈啟无等人書信）、南門的籠統之説三種説法。廢名在〈我的鄰舍〉中説：我家是從東門遷居的，現在也有十幾年。廢名早期小説尚處於習作階段，具有很濃的自敘傳色彩，特別是〈我的心〉、〈柚子〉、〈半年〉、〈我的鄰舍〉、〈阿妹〉、〈鷦鴣〉等，幾乎可以説是回憶性的鄉土抒情散文。即使像〈浣衣母〉、〈火神廟的和尚〉、〈河上柳〉等沒有出現第一人稱的帶有很多想像成分的小説後來廢名也指出其中的現實來源。因此，廢名説他家遷自東門，有一定可信度。另外，廢名在散文〈代大匠斫必傷其手〉中也有關於他七歲時搬家的回憶。所以，今人陳建軍在其新著《廢名年譜》中最早提出廢名出生於黃梅城關東門之説。

廢名作品與幼年生活。一般而言，一個文學家的幼年生活對其日後文學創作有著極其深遠的影響，特別是對於鄉土田園作家更是不言而喻的。然而，一般關於作家童年生活往往缺乏記載，而傳說頗多。幸好廢名的童年生活大多復活於其鄉情濃濃的詩意作品當中。他的好友梁遇春在〈第二度的青春〉中說「吾友莫須有先生」「大好年華都消磨於繾懷一個莫須有之鄉」。其時廢名正在寫〈旅客的話〉（後收入短篇小說集《棗》）。廢名本是一個懂得節制的人，感情大多深埋於晦澀平淡語言之中，而這兩篇「旅客的話」卻感情溢露，思鄉之情訴諸筆端鋪滿紙面，特別是〈墓〉簡直有點徐志摩的「濃得化不開」，這在廢名作品中實在不多見。非情感至真，不可寫出這樣的佳作。

廢名的文學作品幾乎全部貫穿有家鄉的消息，就連《莫須有先生傳》裏也有談到家鄉和九江的記載。但廢名關於幼年家鄉生活的作品主要集中在兩個地方。一是早期習作和巔峰之作《橋》。如前所述，廢名早期小說具有很濃的自敘傳色彩，就連代表作《竹林的故事》也不例外。筆者曾走訪廢名老家馮家大宅的對門人家，有余氏老者，說護城河外以前有竹林，有壩，壩腳下是竹林。有一婦人在竹林邊開墾菜園，以賣菜為生。她叫劉香桂，解放初去世。筆者認為此人可能是三姑娘的原型。正惟其如此，廢名幼年的生活環境對廢名的文學細胞有著微妙的影響，並且這種影響在廢名作品中時有顯露。這影響主要來自家庭環境。1908年，馮家三世同堂，終因數嗣過多，馮步雲（楚池）一支遷往小南門街（俗名篾匠街）新屋。此前不久，馮楚池任縣勸學所勸學員。廢名長兄馮玉鯉乳名關佑，意即關公保佑，有祈福

之意，後因溺水幼殤。廢名出生後，祖父也帶廢名到六家庵（黃梅最早的關帝廟）進香，但家人因避諱不准淌水。而廢名最喜「高底河過堰」，對水有著既恐懼又歡喜的特殊的感情。按黃梅風俗，外孫若受外祖母疼愛，則於他而言，外家也是自己的家，可以自由出入，並且受到特別的禮遇。廢名正享有這種優待並比一般人突出。這樣廢名常往來於表姐妹、族姐妹之間，彷彿生活於女兒國一樣，造就了廢名小家碧玉式內向型藝術家氣質，性格也因此孤僻而恬靜。廢名在作品中提到有芹姐、淑姐、貞姐、銀姐、柚子、阿妹，與她們一起折杜鵑花、揀地蘑菇、打桑葚、看遊燈賽會等。另外黃梅古樸的民俗風情、民間文化、方言也深深濡染著廢名的童心。正是這兒童世界和女兒國情懷使得廢名擅長寫兒童之真和女子之美。廢名的兒童記憶在他彩筆下上升為烏托邦式東方理想國。黃梅也是一座邊城，半封閉的原始古樸的生活環境孕育了廢名這顆文學的種子。1906年家人希望他「文章煥然，彪炳可法」取學名馮文炳（乳名焱兒，號蘊仲）送其入大南門都天廟私塾（今為幼稚園），次年因病輟學，搬家後復入都天廟私塾，兩地相距不過百步之遙。一顆種子蒙蔽住了，而他自能於黑暗中尋求光明。至於《橋》，馮健男早就指出史家莊以廢名外家岳家灣為依託。關於岳家灣（此處岳姓系岳飛苗裔，西北十里處有岳震、岳霆合墓），廢名曾賦詩一首：小橋城外走沙灘，至今猶當畫橋看。最喜高底河過堰，一里半路岳家灣。「高底河」係指築壩靠近堰的一段河，非指地名；「一里半路」指高底河的水流著流了一里半路就流到了岳家灣，時在北京的廢名正是通過流水表達自己對岳家灣的深摯感情，也表現了廢名對於水有著特殊感情。這首詩生動地回憶了廢名兒時奇異的樂

園，並富有「畫橋」的詩意想像。外家附近有雞鳴寺、多雲山廣福寺、紫雲閣，亦是廢名少年常至之處，四祖寺、五祖寺則是廢名精神嚮往之地，廢名母親信佛，後皈依佛門，法名還春，均對廢名近佛影響甚殷。廢名在〈散文〉中自述：「小時，自然與人事，對於我影響最深的，一是外家，一是這位嬸母家。」這也是一般研究者最愛引用的，這兩點影響在他的早期作品和《橋》中正有生動體現。二是戰時和戰後廢名寫的一組文章「父親做小孩子的時候」和三篇〈黃梅初級中學同學錄序〉。前者曾被馮健男稱為廢名的「朝花夕拾」，頗為貼切。這麼多的回憶性散文洋溢著童年生活（包括在都天廟的讀書生活）氣息和濃濃鄉情。廢名在作品中經常提到的「塔」、「大楓樹」、「芭茅」、「五祖寺」等至今仍然存在。

　　廢名與黃梅八角亭高等小學堂。1913年廢名拒當學徒，父親馮楚池（教育工作者，1907年前後任黃梅勸學所勸學員）只得送其入八角亭高等小學堂。八角亭是黃梅著名的古典建築，距今有兩百多年歷史。清乾隆5年竣工，黃梅大林書院（後改名調梅書院）遷此辦學。直至清末一百多年來一直是黃梅崇文講學、教育生員的場所。關於八角亭有一幅名聯：八角亭，亭八角，一角點燈諸角（葛）亮；五鳳樓，樓五鳳，四鳳同棲旁（龐）鳳雛。1904年維新之風波及黃梅，乃改為八角亭高等小學堂，成為近百年黃梅近現代文化的搖籃。在當時，八角亭高小有黃梅最高學府之稱。洪毅（1946年任湖北湖南考銓處處長，馮力生任其秘書）、吳仕傑在〈八角亭學堂1920年前後辦學情況的回憶〉、〈八角亭拾遺〉中曾對該校學習環境、教學管理等有過詳盡記錄：「學校的環境很優美，流經縣城旁邊的一條大河，至南門一分為

二，終年沁水洋洋，八角亭卻拔河而立，三面環水」，「課程內容都用商務印書館統一小學教材，老師照本宣科，學生無課本，也無課外讀物」，「學校紀律嚴明，如有違紀，給予適當處理並通告全校」，「當時武訓是教育學生常用的手段，對於這樣不恰當的手段，學生有過幾次罷課的反抗」。可以看出廢名當時在校三年有過極其嚴格的學習經歷。在這樣嚴格甚至殘酷的學習環境下，該校培養出不少著名人物。與廢名相隔年數較小後成名者有著名鴛鴦蝴蝶派作家喻血輪、古文學家程道衡、喻迪癡（喻血輪兄長），還有國民黨政客吳醒亞。喻血輪著有《林黛玉日記》（吳醒亞作序並有題詞）、《綺情樓雜記》等。其實廢名後來對這三年的經過嚴格訓練的學習場所有過回憶。〈八角亭拾遺〉載，「亭樓高三層，八角翹起，因以得名。每角飾一噴須鼓眼龍頭，口銜響鈴，疾風搖鈴作響，其聲丁丁，八角玲瓏，生氣盎然。亭的頂端由直徑約三米的半球形錫頂覆蓋，錫頂又分三層，狀若鐵怪李的寶葫蘆。」此段文字可以與「萬壽宮在祠堂隔壁，是城裏有名的古老建築。後層正中一座殿，它的形式，小林比做李鐵拐戴的帽子，一角繫一個鈴，風吹鈴響，真叫小林愛」（《橋〈萬壽宮〉》）相參證。後來廢名把這段讀書生活通過小林反映出來，卻有很大稀釋作用，可以想見廢名對那段讀書生活不太滿意。

　　1915年，廢名以優異成績畢業於八角亭高小，並於次年入湖北省立第一師範學校。

　　這樣，廢名走出黃梅，奔赴省城武昌求學、教書，後考取全國最高學府北京大學並開始文學創作，於是廢名走向全國乃至全世界了。

下篇：1937～1946年

　　廢名在〈開場白〉中說：《莫須有先生坐飛機以後》「可以說是歷史，它簡直還是一部哲學」，而本身又是「一部傳記文學」。將哲學與文學相調和，在歷史（事實）中敘述出美與澀的意境和風味，是「廢名氣」的獨創和特殊之處。廢名又進一步指出，「他怕中國讀書人將來個個坐飛機走路，結果把國情都忘掉了，他既深入民間，不妨留下記錄」。由此可以看出廢名作《莫須有先生坐飛機以後》的緣由是留下記錄對沒有深入民間、不知國情的讀書人進行一番歷史教育，也可以說是廢名在家鄉九年深入農民生活自我教育的一番反省和悔悟。同時，《莫須有先生坐飛機以後》也是廢名老友朱光潛催他寫小說催出來的，而此時的廢名「只喜歡事實，不喜歡想像」，「只能寫散文，決不會再寫小說」，所以廢名雖然違背朱光潛的初衷，寫出這麼一部避難記，但也算「感激他的誠意」（廢名：〈散文〉）。有人說，廢名南下，遁跡山林，過上參禪悟道的悠閒自得的隱居生活，恐怕有不切實之處。從以上所說來看，廢名在黃梅是在跑反、避難中，深入民間，瞭解民情，體察國情，在思想上進行自我教育，由自由主義知識份子轉向人民立場的一個重要轉捩點。廢名這一時期的鄉居生活，是廢名以後接受中國共產黨領導的準備階段。

　　廢名在黃梅大致行蹤。1937年12月廢名因母圓寂返里，時北平陷落，華北局勢緊急，交通大亂，歷經苦辛方得回家。住在小南門之家，卻常至岳家灣外家。1938年8月，黃梅縣城陷落，廢名攜家人（其父留於城內）避入城外十里的南鄉呂家竹林、宛家竹林。時有日

軍進村騷擾，廢名挺身而出，力救百姓，受鄉鄰稱頌不已（馮奇男：〈不忘二爹的大恩大德〉）。黃梅縣城曾一度恢復，廢名得以於城內過中秋。「而一般的老百姓則說城裏不可居，後來城裏果然不可居」，廢名乃於次年春夏間寄居東鄉多雲山程家新屋姑母家，「距五祖寺十里許，曾與數人作五祖之遊」。是年秋，遷至北鄉山中的國民黨縣政府辦起了小學，廢名已遷家在金家寨龍錫（本作「鬤」，黃梅「錫」「鬤」同音）橋。於是廢名任設在停古鄉金家寨的第二小學教員，教國語和自然。1939年舊曆年底，廢名在往土橋鋪途中得知父親馮楚池住在離城三里山中紫雲閣。廢名乃「穿過縣城一遍，如夢中走過現實」，「進東門，出南門」，廢名對廢墟中的黃梅縣城覺慘不忍睹，——「世亂烽煙居然是真實的麼？」那年馮楚池與馮健男在紫雲閣過年，馮楚池打發廢名回龍須橋過年。當時紫雲閣尼姑請廢名作對聯一副：萬紫千紅皆不外明燈一盞　高雲皓月也都在破衲半山。這副對聯表達了廢名杜甫式「國破山河在」的愛國情懷，同時也是禪意濃濃（廢名：〈這一章說到寫春聯〉）。1940年2月，黃梅初級中學（開學後改名為「湖北省聯合中學鄂東分校黃梅分部」）在金家寨復學，廢名乃改任中學英語教師（主任陳宗猷縣長，副主任熊惕非校長）。1941年春，中學遷五祖寺，由於建校遲到4月開學。廢名住在五祖寺觀音堂後殿二樓，離金家寨之家十五里。該年秋，因戰火學校一度解散。1942年3月復學，廖秩道出任校長，5月又因戰火停辦。1942年夏，縣中擴招，國文試題之一由廢名所出，為「水從山上下去，試替它作一篇遊記」（另一試題為新任校長馮力生所出）。廢名的女兒馮止慈參加考試並考上縣中，舉家乃遷往五祖寺。1942年冬，日軍第二次進據黃梅縣

城，黃梅上鄉山區受日軍嚴重威懾，日軍炮轟五祖寺，縣中解散，廢名一家搬到五祖山後水磨沖避難。1943年春，縣中畢業班第八班在校長馮力生帶領下在停前東界嶺復學舉行畢業考試，廢名為第八班同學錄作序言。此時，廢名一家遷往離縣城十五里的後山鋪馮仕貴祖祠堂。1943年秋，縣中遷到柳林鄉古角山北山寶相寺（本部）、南山靈峰寺（分部）。清人曾題詩於南北山壁上云：「東山方踏遍，復向北山遊。不盡登臨興，能窮林壑幽。烏崖煙雲接，古木嶺雲收。會見娑蘿影，池邊月已秋。」廢名與馮健男在南山教書。時北山有一中年和尚，南山有一老年和尚，有人回憶說廢名與此二人交往甚多。（馮健男：〈古角書聲〉）1944年12月，黃梅縣中遵命遷往李家廟（本部）、李家新屋（分部）。次年春，廖秩道復任校長。廢名與校長廖秩道、縣督學陶晉芳辦學思路不合，乃辭職。於是廢名得閒暇於1945年秋一氣完成《阿賴耶識論》。1946年春，廢名返回城裏。1945～1946年廢名為生計先後在馮仕貴祖祠堂和緊挨雞鳴寺的劉家祠堂開館授書（岳松秋：〈「孺子可教」未成才〉，岳松秋係廢名內侄、表侄）。1946年9月，廢名與當年考取北京大學西方語言文學系的大侄馮健男一同離開黃梅。

　　廢名在黃梅與地方文人學士的交往及與文學界之關係。黃梅素有「文化之鄉」之稱，千百年來名人輩出。弘仁、瞿九思、湯用彤、劉任濤、石聯星、鄧雅聲等宗教家、理學家、哲學家、戲劇家、表演家、革命家均是黃梅之子。廢名回黃梅亦與地方名士有過友好交往或衝突。還是在抗戰前之時，黃梅名士石孝鄒（自號魯園老人）七十大壽，廢名自北平寄壽聯祝賀：塞外風雲天高承露百尺塔　歲寒松柏春

餘剩草六卷詩（馮健男：《我的叔父廢名》）。《春餘剩草》係石薔園的詩集。1939年廢名往金家寨石惕安（滿清貢士，石老爹之父）家認親做客，並在附近安家，即與石孝鄒老人為鄰居，兩人交往甚密（石沐陶：〈我所知道的馮文炳先生〉）。後廢名在小學教書與余節綏校長知交莫逆，這在《莫須有先生坐飛機以後》中有詳細記錄。余節綏「一向在故鄉服務」，先後在八角亭高小、黃梅初級中學任教，此人學識全面，除音樂、美術外均擔過任課教師。而「不愛說話的」、「有錢的」老秀才桂樹芳（此人與余節綏、梅寶霖在黃梅教育界資格最老）、滿清進士于甘侯（幼子名「抗日」）則對新文學家廢名腹誹、責難頗多。于甘侯係著名愛國人士、古文學家、書法家，為人剛正不阿，曾為營救抗日志士敢於在縣長陳宗猷面前大拍桌子。他也曾為廢名的〈程家新屋姑母墓碑序〉而當面爭執，聽說兩人甚至「大打出手」，很令人想起熊、馮二先生的故事。廢名在縣中教書時與徐安石、程道衡（著有《古文虛詞詮訓》）、廖居仁、梅寶霖等同事亦有過一定來往。然而廢名落落寡合的性格和無甚知音於此地也使廢名備感寂寞。廢名回黃梅之初，就與文學界人士朱英誕、周作人、俞平伯、沈啟无、卞之琳等老友保持書信來往，後抗日深入消息漸闊，與周作人、熊十力等交往困難。但沈啟无、李曼茵、沈從文、《文學集刊》、《藝文雜誌》、胡蘭成等對廢名及其作品亦有談論和發表，而這些廢名都是不知道的。抗戰期間沈啟无替廢名出版了《水邊》、《招隱集》亦不為廢名所知（廢名應該知道《談新詩》的出版）。此時廢名居山中，深入民間，與老百姓交往頗多，並大力倡導啟蒙教育。

　　廢名以前是新文學家的身份，回黃梅卻有三重身份。廢名任中小學教員，學校「對於先生能俸薪米，故生活能以維持」。這是他的職業。廢名又說：「同莫須有先生一樣一向在大都市大學校裏頭當教員的人，可以說是沒有做過『國民』。做國民的痛苦，做國民的責任，做國民的義務，他們一概沒有經驗。這次抗戰他們算是逃了難，算是與一般國民有共同的命運，算是做國民了。」（廢名：〈關於徵兵〉）所以廢名又有國民身份。此時廢名已經基本脫離了文學界，他自己寄出去發表的文學作品只有1939年作的〈小時讀書〉。廢名1941年寫的論文〈說種子〉引發熊十力寄來《新唯識論》，廢名讀後頗不以為然，本著衛「道」的精神，乃著《阿賴耶識論》。於是廢名終於真正成為「禪宗大弟子」，具有了自稱哲學家的身份。

　　廢名赴小學履新以前，以一家私塾為例，說明「教育本身確乎是罪行，學校是監獄」，要「火其書！革命便從這裏革起」（廢名：〈舊時代的教育〉）。然而廢名是「落荒而逃」。第二日，廢名便開始教書了。他以此為「試驗田」，默默地耕耘，辛勤地播下新種子，教育就是為了反舊教育。他要學生「限讀白話文，限寫白話文」，「作文重寫實際，寫自己最熟悉的生活實際材料，不主張要小學生寫議論文」（李英俊：〈懷念我的恩師馮文炳先生〉，李英俊1948年去臺灣，仍健在）。廢名的寫實主張在這裏得到了一定的實踐。廢名還自編新詩教材，選有除自己的外還有郭沫若、冰心、魯迅、泰戈爾等人的詩作。他還教小學生寫童詩，啟人性靈。他對唐宋八大家的文章深惡痛絕，認為是只有腔調的「八股」，但是他也向學生細細講解六朝

以前的文學家作品，如老莊、孔孟、庾信等，而這些都是廢名認為貼切於生活的，裏面有文章。廢名在《莫須有先生坐飛機以後》中花費好大篇幅記敘自己任小學教員的生活，他是很有一點愛惜的。好景不長，廢名改任中學英語、國文教員。「這個教員生活令他如坐針氈，總是暗自傷心」，「結果只同少數學生講文法」（廢名：〈莫須有先生教英語〉）。話雖如此，廢名還是花費大部分時間忙於課蒙，自編不少鄉土教材。廢名甚至偷偷地靜聽馮健男初次講課，後鼓勵說，「看起來，你是生來作這事的！」（馮健男：〈古角書聲〉）可見廢名非常關心縣中教育。當時廢名很受一些學生歡迎，「平時學者風度，平易近人，他很喜歡跟學生聊天。傍晚，他每一出來散步，總有許多學生圍著他，喜歡聽他講當代文學界文人逸事，學生心裏對他懷有無限崇敬！」（李華白：〈從金家寨、五祖寺到大發灣〉）。他還喜同學生講《論語》、《莊子》、泰戈爾、魯迅、葉聖陶、朱自清、陳學昭等人的作品。廢名得意門生翟一民在〈永不消逝的「聲音」〉中回憶廢名講課神態，惟妙惟肖：「雖然他的嗓音沙啞，但朗誦起詩來卻是充滿深情，抑揚頓挫，輕重緩急，剛直迂迴，盡能繪生繪色地表達出來，真是耐人尋味，讓人陶醉，使我們就像是觀賞風景秀麗的山水畫和傾聽一曲清新的田園之歌一樣，在潛移默化中感悟高尚的情操」，「同學們常湊在一起風趣地稱道先生講國語課真可謂『精美至極，妙不可言』，或有幽然者背後美稱之為『妙善先生』」。當時新文學在黃梅近乎荒地，是廢名培養許多學生的新文學的興趣。廢名從事教育還不拘於地，「馮師經常把野外當作教學的大課堂，帶領學生們就樹蔭下席地圍坐講授，不拘形式，使教育生活化、趣味化，超凡脫俗。他說

自然萬物皆學問，青山綠水隨處即文章，學生們陶醉於大自然的懷抱裏，真是如沐春風、如浴瀚海。」（梅武揚：〈永遠敬愛的馮文炳老師〉，現居臺灣高雄）五祖寺時期，正是抗日戰爭深入進行之時，不少學生如蔡瓊、梅白（後為作家）、楊鼎等參加革命，廢名還親身聽到楊鼎烈士（六班學生）的噩耗，廢名教育大家説：「我們不能以『邦無道則隱』的逃避現實的旨意來做文章，我們要面對現實生活」，廢名曾面對日寇威逼利誘拒任偽職（瞿一民：〈永不消逝的「聲音」〉，岳松秋：〈馮文炳拒任偽職〉）。廢名還以身作則，從小事作起，善意批評一些學生破壞竹林。當時環境十分艱苦，南北山之時條件最為惡劣，程道衡1946年在〈黃梅初級中學第十一班同學錄序〉中寫道：「夫南北山懸崖絕壑，人跡罕至，然諸生跋涉長途，拾級而上，未嘗有難色，可謂有志於學矣！」廢名和學生們同甘共苦，以自己的人格、文格感染了一些有志學生。許多學生另找時間慕名從其學，也希望做新文學家。廢名在縣中任教達五年之久，七、八、九三班畢業請他作「同學錄序」，他大都樂意為之，「以作別後相思之資」。廢名鄉居九年，就有六年教書，影響甚巨，後來受之影響較大的有李英俊、李華白、瞿一民、潘敬思、張之翔（現任北京大學教授，雜文作家張雨生的叔父）等人。

就日常生活而言，與廢名相處最深的還是農民。廢名對其外家岳家灣有天生的歸附感，無論小時候玩耍，還是成年後回家，廢名總是多往外家。「姑父不時來我家吃飯，在大人們談話間，我有機會聽到平日很難聽到的姑父的談話，他常説舅娘家的毛芋好吃。每次，母親就肥壯的子芋合飯；帶生澀味道的母芋切成絲用辣椒炒熟做菜，姑父

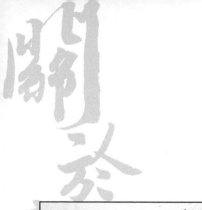

《湖北黃梅縣立初級中學第八班畢業同班錄》，內收廢名的序言。

廢名在黃梅南北山從教學校遺址

也喜歡，更喜歡的還是用辣椒炒的乾芋禾。每頓總有鍋巴粥，麻黃色，香噴噴，冒熱氣，姑父總是讚不絕口，說北京是無法吃到的。」（岳松秋：〈「孺子可教」未成才〉）廢名初回黃梅，到處探問老百姓關於勝利問題的意見，大家一致意見是「日本佬一定要敗」，「最後的勝利必屬於我」，風水先生服丹成說要民國35年才太平，這時廢名覺得自己「因了許多經驗使得他虛懷若谷，鄉下人的話總有他們的理由吧，他自己對於事實不敢說是懂得了」，「中國的讀書人真應該慚愧，因為中國統治階級是讀書人。我們要好好地瞭解中國的農人，要好好地解救中國的農人」（廢名：〈無題〉）廢名開始認識到讀書人的不足，而親近普通百姓了。廢名自稱「本人向來只談個人私事，不談國家大事」（廢名：〈開場白〉），可謂是廢名自己的由衷之話，然而現在不得不於家事、私事中談國事了。初去石老爹家，面對石老爹的哭訴，廢名覺得「所有故鄉人物除了他一個人而外都是

被動的，都只有生活的壓迫，沒有生活的意義」。而「臘樹窠的民眾對於日本佬如談故事，如談『長毛』而已，這裏真是桃花源，不知今是何世」（廢名：〈無題〉）廢名從百姓的樂觀態度中感受到了鼓舞的力量，「短期內不作歸家之計了，好好地在鄉間當小學教員，把孩子養大教大」。在石老爹紹介下，廢名在龍鬚橋借了本家馮順（比廢名晚一輩）的空閒屋子，從此與馮順、馮花子、馮竹老、馮三記兄弟有密切交往。通過日常生活，廢名與他們感情深厚，特別是與馮三記，廢名推薦他到縣中做校工，兩人朝夕相處，「他成了莫須有先生的忠僕」。1942年底廢名搬家到水磨沖，一切都由三記幫忙辦了。廢名也曾到馮順的稻場感受勞動的氣息，生活的詩意：「稻場上是一篇史詩，芋田的收穫則是一首情歌，他後來讀英國濟慈的夜鶯之歌乃記起他小時在田間的背景了，收割之後的田野確是寂寞，並不是捨不得，一切確是給人家拿去了，只有天上的飛雁最懂得秋野的相思了」。盧家阪的王玉叔送芋給廢名一家，廢名覺得「古道」，「心裏很是歡喜，世間到處有人情了，正如到處有和風拂面」（廢名：〈一天的事情〉）廢名的太太岳瑞仁女士也頗懂得待客之道，順利地挽留馮順、馮竹老、馮花子等人吃飯，她看到馮順、馮花子沒有棉襖穿，就把廢名和他父親的舊棉襖給馮順和馮花子的女兒，從此「鄉人都知道莫須有先生的太太好客了」，「都不畏懼莫須有先生了，對於莫須有先生比對於任何人親近」（廢名：〈留客吃飯的事情〉）廢名還曾關懷馮大墩老家一帶居民的生活，正確疏導馮洪兩族的矛盾（余俊良：〈1941年廢名先生到我家〉，馮思純：〈為人父，止於慈〉）就這樣，廢名與老百姓走在了一起，對知識份子、農民都有新認識了：「莫須有先生在民國26年

以前，完全不瞭解中國的民眾，簡直有點痛恨中國民眾沒出息」，「莫須有先生現在深知沒出息的是中國的讀書人了」（廢名：〈停前看會〉）這時，廢名也認清了國民黨的真面目，「政府不指示他們，只叫他們跑逃。起先是叫他們逃，後來則是棄之」，「中國不是外患，而是內憂」（廢名：〈無題〉）而對於新四軍，廢名也知道「新四軍同老百姓要好」。

　　廢名自稱自己是哲學家，而在哲學上並無知音。在二十年代末、三十年代初他始佩服同鄉熊十力的才學，而後五祖寺時期，自己深研佛法，看法卻又與熊十力大大的不同，乃立志作平生得意之作《阿賴耶識論》。他作〈說種子〉周作人「不能贊一辭」，即是俞平伯亦未敢與之輕易論道，而熊十力則是反對。廢名在黃梅的寂寞可想而知。廢名參禪悟道在《橋（下）》、《莫須有先生傳》、三十年代詩作中就有很大體現，四十年代亦不忘「道」，就連深入民間，也是想尋求一個救國之道。廢名心中的真理其實是融儒、釋、道（後來又有共產主義）為一體的廢名的「道」。廢名的「道」的核心是「戒貪」，「不貪便能成佛」（廢名：〈一天的事情〉）戒貪就必須要有忍耐性，因此廢名自豪的說：「我生平最大長處是能忍耐。」關於人生廢名說：「人生正是一個必然，是一個修行的途徑，是一個達到自由的途徑。世人都在迷途之中，故以為一切都是偶然的遇合」（廢名：〈卜居〉）廢名在黃梅是鮮有人與之論道的，只有廢名得意門生李英俊晚年回憶廢名在南山與一和尚關係很好。

結束語

　　廢名説：「只有『自然』對於我是好的，家在城市，外家在距城二里的鄉村，十歲以前，乃合於陶淵明的『懷良辰以孤往』，而成就了二十年後的文學事業」，「我的兒童世界在故鄉，若要真懂我的兒童世界，故鄉恐無知音」。廢名到大學才懂得「兒童生活原來都是文章」，於是徘徊於記憶的王國，記錄黃梅小兒女的生活，可以説是黃梅哺育了廢名的文學天才。其後，廢名相信了共產黨，成為為人民服務的學者。同樣地，沒有九年黃梅鄉居生活，前後廢名是接不起來的——又是家鄉影響了廢名以後的人生道路。廢名也曾借莫須有先生之口自豪地説：「你們有誰能像莫須有先生一樣愛他的故鄉呢？莫須有先生的故鄉將因莫須有先生而不朽了。」可以説，中國沒有哪個作家能像廢名一樣與他的家鄉聯繫得那麼緊，「廢名」與「黃梅」將真如莫須有先生所説緊緊地連在一起了。筆者作此文主要起拋磚引玉的作用，希望廢名愛好者、研究者充分認識和重視「廢名與黃梅」的關係，在原始資料上理解廢名其人其文。

2004年7月完稿於母校湖北省黃梅一中列印室

原載《新文學史料》2005年第三期

廢名《阿賴耶識論》自藏本，
俞平伯題簽。

附：讀〈廢名在黃梅〉後的餘憶

張之翔（著名物理學家、北京大學教授）

梅杰的〈廢名在黃梅〉所述內容
基本屬實，只是有的地方用詞有些誇
張，有些地方說得不夠明確。例如，他
舉例「受之影響較大」的五人中，我同
其他四人不同，我沒有上過馮文炳先生
的課，當年我只看到過他三、四次，同
他沒有任何接觸。只是初一教我們國文
的是他的侄子馮健男先生。當時沒有課
本，他選了冰心的〈山中雜記〉、廢名
的〈萬壽宮〉等作為教材，上課時抄在
黑板上，我們抄下來，然後他再講解。
課外我還向同學借過一些五四時期的一
些新文學作品閱讀，其中有廢名的《竹
林的故事》等。我在縣中兩年，我自己
感到受冰心、泰戈爾的影響較大，比受
廢名的影響大。但我欣賞廢名的作品，
別人說晦澀難懂，我沒有這種感覺，我
覺得他寫得好，讀起來有味道。我一直
喜歡他的作品。他所寫的人物環境和風

俗習慣，都是我所熟悉的，讀起來也很親切。到北大後，凡是能找到的他的作品，我都看過。我覺得他的文學作品有價值，但他的哲學著作《阿賴耶識論》卻沒有什麼價值。

前年我碰到一位韓國研究生在研究廢名，聽說日本也有人在研究他。馮文炳先生在北大教過的學生中，有兩位後來成為北大中文系的教授：陳貽焮（前年故去）和樂黛雲。他倆在著作中都專門講到過馮文炳先生，他們都很尊敬他。陳貽焮曾同我有過交往，談起廢名，陳貽焮說，他的作品不是當時文學的主流，而是一個有特色的不可或缺的支流。我同意他的見解。

梅杰的文章中有一件重要的事沒有講到（梅杰按：其實已講到，就是引用岳松秋先生的「拒任偽職」一事，只是我未具體說明），就是1943～1944年間，周作人任偽北大校長，曾寫信請馮文炳到北大任教，馮先生沒有接受。這事我在北山寺上縣中時就聽說過，後來曾問過馮健男先生，得到證實。我覺得這是一件大事，它顯示了馮文炳先生的民族氣節，令人欽敬。抗戰勝利後，北大從西南聯大復原，請馮先生來北大任教，他就欣然來了。聽說他到北京之前，曾專程去過南京，到監獄中去看過周作人（他的恩師）。但他沒有發表過這次會見的感想，想必他對恩師的漢奸行為是不滿的。

院系調整（1952年秋）時，我被調入北大（尚未畢業），他被調出北大，到吉林大學去了，所以我就沒有見過他。後來聽說他在「文化大革命」中被整挨餓致死，又有人說是癌症死的。總之，晚景是悲慘的。這是時代的悲劇，個人是無能為力的。

眉睫按：這是八十高齡的北京大學著名物理學家張之翔老先生在讀了我的〈廢名在黃梅〉後，寫給他的侄子張雨生先生的。今由張雨生先生轉寄給我，讀後不勝感激。經張之翔、張雨生兩位先生同意准予公開。這封信自有它的價值，如關於廢名的作品價值、民族氣節、死因等論述和回憶，望讀者自察。

有關廢名的九條新史料

近幾年來，廢名研究成為「顯學」。筆者不揣淺陋，亦曾撰數文。在〈廢名在黃梅〉、「廢名書信研究」三篇、〈「廢名在黃梅」補遺及其他〉等文之外，筆者還發現多條有關廢名的新資料，特輯為〈有關廢名的九條新史料〉以供學界、讀書界同仁參考。

一、廢名是京派之例證

一般均認為廢名是京派小說的創始人、京派的代表人物，然而在京派、海派的論辯中並未見到廢名的出場，廢名也從未自稱是「京派」。雖然現在的研究者都毫無疑義地將廢名劃進「京派」，但要是能找到當時的評論或「說法」，能證明廢名在當時的文壇確系「京派」之一員，那該多有意思。

偶見錢公俠、施瑛所編《小說》（二），啟明書局1936年出版，此書收錄廢名小說兩篇〈浣衣母〉、〈竹林的故事〉。〈小引〉中有言：

雖然現在的批評家，對於新文藝也有「京派」、「海派」之分，「京派」鄙薄「海派」帶幾分油滑氣，「海派」卻批評「京派」近乎道貌岸然……國民革命之後，首都搬到南京，文風也似乎渡江而南，可是現在的北平，仍舊並不寂寞，《現代評論》、《語絲》、《北新》、《新月》等文藝欄的健將，仍在故都，集成「京派」的一群，沈從文、巴金、馮文炳、章靳以等，還有很多的創作……馮文炳後來以筆名廢名出現。他的小說，全是一些卑瑣而純真的人物，故事異常簡單，簡直像素描一樣。尤其在後來出版的《桃園》裏，更可以看得出來。但是他早年出版的《竹林的故事》卻非常美麗。本編選了他的作品兩篇。《竹林的故事》裏面寫著那可愛的三姑娘實是典型的東方少女。

文中還將廢名列入魯迅指導下的莽原社作家群。

此段文字需要注意的除明確提到廢名是「京派」作家之外，還將「京派」的構成作了一番解釋，即「《現代評論》、《語絲》、《北新》、《新月》等文藝欄的健將」（此與目前學界之普遍觀點也是有某些衝突的），並指出章靳以主編的《文學季刊》「近於京派」，由此得出在《文學季刊》上化名發表文章的巴金在作風方面也近於京派。將巴金、章靳以等納入京派，這可謂「咄咄怪事」，因為現在的研究者從未指出他們屬於京派，而是偏左的。

二、廢名與聞一多

廢名與聞一多是湖北黃岡老鄉，兩人的藝術風格和思想追求卻大有不同，甚至有相左之嫌，如廢名討厭新月派的格律詩，廢名是自由

派，聞一多傾向革命派等。長期以來，也並未找到兩人交往的線索，但於情於理似乎又不太可能，讓人好生惆悵。

偶閱《聞一多全集》得知，1948年開明書店出版的由聞一多選編的《現代詩抄》收錄有廢名詩兩首，即：〈燈〉、〈理髮店〉。但此僅能說明聞一多知道廢名並讀了他的作品，並不能證明兩人有交往。

近讀田曉菲《塵几錄——陶淵明與手抄本文化研究》，方將困惑解開。該書第213～214頁載：

廢名贈「家驊」《陶靖節集》題簽

（哈佛大學）燕京圖書館收藏的1876年翻雕本是袖珍本。值得一提的是曾經擁有這一版本的主人。按此本扉頁上有小字題簽：「家驊吾兄作紀念，廢名，二十年三月二十九日」。廢名不必說了，家驊即聞一多，廢名的湖北同鄉。1931年，聞一多正在青島大學任教。考《廢名年譜》那一年的一月至三月間，廢名也在山東青島。年譜稱廢名三月離開青島，

陶集想必是廢名在離開青島之前送給聞一多的。這樣一來，我們就知道廢名離開青島一定是三月末甚至四月初的。陶集題簽可以為廢名年譜提供一條新的資訊……此書中時有紅藍鉛筆標點，〈歸去來辭並序〉有黑筆留下的標點、圈點和數條眉批……從字跡上看，從廢名對陶淵明的興趣上看，似乎以廢名較為可能。

以上僅為摘錄，讀者如感興趣不妨翻閱全文，此書由中華書局2007年8月出版。從以上的資訊來看，如果「家驊」確是聞一多的話（如是比廢名略小的袁家驊或比廢名略大的朱家驊，另當別論），那麼廢名與聞一多肯定是有交往的，至少1931年春兩人相會於青島，此前也應該是相識的。

三、廢名與常風

在一本英譯的《中國現代詩選》（Harold · Acton、陳世驤編譯）的書評

廢名的「馮廢名」印章

中，常風關於廢名有過評價：「這集子中所選的十八位裏面，馮廢名先生與沈從文先生各有千秋，並且各人在各自所努力的範圍外已經都有了極好的成績與極大影響。」可見，他對廢名是很欣賞和尊敬的。至於文中提到「馮廢名」似乎是第一次有這樣的提法，在黃梅鄉間，是有廢名的親友、學生偶作此稱謂的。又據蔡登山先生告之，女詩人徐芳晚年對他也是提「馮廢名」，並在她早年的畢業論文《中國新詩史》中也是直接稱道「馮廢名」，這個不妨作為佐證吧！這樣，廢名又多了一個別號。

　　另外，常風在〈回憶葉公超〉一文中提到：「（《文學雜誌》）初擬成立一個八人的編輯委員會，這八個人即朱光潛、楊振聲、沈從文、葉公超、周作人、朱自清、林徽因、廢名。」這是一次關於八人編委會名單的詳細列舉，比朱光潛的記憶更為精確（朱光潛的回憶漏掉廢名和葉公超，誤將俞平伯算進去），給研究者提供了新的史料，廢名被明確提到是編委之一，這在一定程度上還原了歷史的原貌，而不是像許多介紹中往往遺漏了廢名的名字，它們大多是沿襲朱光潛的錯誤記憶。

四、廢名與朱光潛

　　《讀書》1990年第十期曾發表一篇〈「我是夢中傳彩筆」──廢名略識〉，作者署名「孟實」。這篇文章，感覺細膩，說到廢名文章骨子裏去了，是關於廢名不可多得的好文，且影響較大，「廢名風」一詞即出自此文。因是知人之言，有人疑其是廢名好友朱光潛，因為「孟實」正是朱光潛的筆名。甚至連格非在博士論文《廢名研究》中也引用該文說：「朱光潛說廢名是『李商隱以後，現代能找到的第一

個朦朧派』」。但這篇文章的作者應當不是朱光潛。文末注明寫作時間是1990年7月,且提到凌叔華逝世為證(凌逝於當年5月),而朱光潛逝世於1986年,不可能知道凌叔華逝世。所以這個「孟實」不當是朱孟實(光潛),據翻閱其他資料,知這個「孟實」是已經自殺的文史學者吳方。

補一條:朱光潛晚年在一文中說:「生命是自然的厚贈:種中有果,果中也有種,離開一棵植物無所謂種與果,離開種與果也無所謂一棵植物。(像我的朋友廢名先生在他的《阿賴耶識論》裏所說明的。)」由此可見,朱光潛也讀到了廢名生前的未刊著作《阿賴耶識論》,但不知是以何種途徑讀到的。

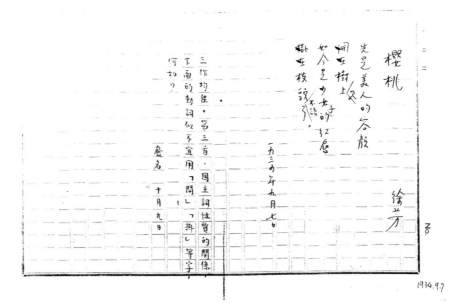

廢名為女詩人徐芳評點詩作

五、鄭秉璧：廢名小說之德文譯者

偶見章衣萍之《枕上隨筆》，其中提到鄭秉璧將廢名的小說〈浪子筆記〉等翻譯成德文。就目前所知，廢名曾在《莫須有先生坐飛機以後》提到自己的小說被翻譯成英文和日文，未見有翻譯成他種文字之記載。據查，鄭秉璧曾任西南聯大教授，但不知譯文何在。

六、異化之廢名

因廢名有特殊的自信與謙遜，性格乖張，早年在北大留下用毛筆作答英文試卷的逸聞，三十年代被魯迅罵為周作人之「狗」，又屢登胡適之門叫板，更傳出與著名哲學家熊十力扭打之事，四十年代在黃梅又與同鄉清末進士、古文書畫家于甘侯「打架」，一度剃成光頭還到雍和宮與和尚論道，此類逸聞祕史更不知有多少，其人其事真可入當代版「笑林廣記」。民國期間的小報記載其逸聞遺事的文章頗多，如〈文壇怪人的怪事　廢名的方城三人戰〉、〈周作

廢名的標準相，攝於1934年。

人的三位高足：俞平伯、馮文炳、冰心〉、〈廢名教課「發神經」〉等等。有海外學者稱廢名與錢玄同、傅斯年並稱為「三大魔」，是北大繼辜鴻銘之後的又一大怪人。此為「異化之廢名」。

七、多個「廢名」

據各種資料顯示，使用過「廢名」作為筆名的現代作家不下於三人，即在馮文炳之外還有丘士珍、姜椿芳等。關於此點，詳見拙作〈南洋作家廢名與一場文學論爭〉。這裏主要是想談多個「廢名」帶來的研究難題：

1、 原載1933年2月18日《申報·春秋》上的〈關於蕭伯納〉一文，署名「廢名」，可是馮文炳所作？即將出版的《廢名（全）集》亦不收錄此文，編者説一看文風便不是馮文炳的，可惜尚未找到確鑿之證據。

2、 現代文學館藏有「廢名譯稿」《諾亞，諾亞》（1946年譯），不知道是哪個廢名？還是指「佚名譯稿」？

3、 《甲必丹之女》等署名「廢名」的散文、劇本可能是丘士珍所作，但《大夏週刊》等署名「廢名」的作品又是誰的？

八、《黃梅縣教育志》等中的廢名

廢名的終生職業是教師，畢生的活動均與教育有關。然而對於作為教師（或學生）的廢名鮮有史料文章研究，特別是在黃梅期間。在黃梅期間的廢名，有兩個重要階段，一是八角亭高小時期作為學生的廢名，二是抗戰期間擔任中學教員的廢名。筆者最近查閱《黃梅縣教

育志》（1840～1985）等相關地方教育史料，其中涉及廢名的部分很有
幾處，特輯錄摘引如下：

1、　第十三編〈教育人物〉中在帥承瀛、湯用彤等人之後有近千
　　字的〈馮文炳〉一文，其中提到：「馮文炳幼時先入私塾，
　　後在黃梅縣公立高等小學堂讀書」。文末又提到廢名晚年被
　　選為吉林作協副主席、吉林省政協常委，而不是有些廢名年
　　譜年表中說的吉林文聯副主席。

2、　關於八角亭高小及其前身調梅書院。第五編〈初等教育〉
　　記載：「黃梅縣官立高等小學堂，1904年創辦，以原調梅書
　　院為校舍。1905年改名為黃梅縣公立高等小學堂，二班，
　　學生九十人，教員六人，職員三人……黃梅縣第一高等小學
　　堂，1912年由黃梅縣公立高等小學堂改稱，校址仍在調梅書
　　院」。

　　第九編〈教學思想教育和體育衛生〉記載：「1912年，教
　　育部規定小學分初小、高小兩等，初等修業四年，高等修業
　　三年。每年除星期日外，全年另放假九十天。黃梅縣高等小
　　學由修業四年改為三年，學校開設四、五、六三個年級。
　　在「教育內容」一節中列舉了八角亭高小在清末時期的課
　　程：修身、讀經講經、中國文學、算術、中國歷史、地理、
　　格致、圖畫、體操、手工，共十門。又記載：「民國初年，
　　高等小學教學科目與清末有所改變：讀經講經改為國文，格
　　致改為理科。另增加唱歌科目，男子加課農業，女子加科縫
　　紉。」

第十一編〈教育經費和學校設備〉中記載：「1740年，於縣城南門外修建文昌閣。1742年，書院遷至其間，複名調梅書院（俗稱八角亭）。其建築以八角亭為中心，周圍建平房四十間。亭高三丈左右，飛起八角，每角飾以龍頭，口銜銅鈴，風搖鈴響；亭上冠以直徑約一丈的葫蘆形錫頂，映日生輝。八角亭周圍的平房，都有回廊相接，房前種植花卉。」廢名於1913年入八角亭高小，按照上述提到的新學制三年，應於1916年畢業。當時，比廢名稍早或稍晚幾年入學的黃梅籍學生有鴛鴦蝴蝶派作家喻血輪（首屆一九〇四級）、國民黨軍政高官吳醒亞（1906年讀半年）、民主人士梅龔彬（一九一四級）、教育家洪毅（一九一六級）、革命家宛希先等。時校長為石晉甫，校監為李大受，教員有石鳳樓、石元渠等。

3、 廢名是國民黨黨員。第三編〈黨團群眾組織〉記載：「1941年，國民黨鄂東行署規定，中學必須建立國民黨區分部……所有中學生必須加入國民黨或三民主義青年團，全體教職員均加入國民黨。據查，有的師生員工並未遵行這個規定，沒有加入國民黨和三青團組織。」據黃梅縣檔案館中調出的黃梅一中校史資料及有關當事人回憶等顯示，廢名也被迫簽字加入了國民黨。

4、 第十二編〈教師〉中記載：「1932～1941年間，縣立初級中學校長月薪銀幣四十元，主任三十五元，專任教員三十二元，事務員二十元。爾後物價波動……1943年縣中學校長

月薪紙幣1980元，主任1800元，語文、數學、理化等學科教師月薪1620元，音樂、圖畫教師月薪900元……上述各時教員應得的工資，常常不能按時到手，有拖欠數月甚至一年，且常常被折扣。到手的工資又常因貨幣貶值而入不敷出。」廢名為專任教員，則其工資應可按上述標準對號入座。

5、　關於勸學所。在第二編〈教育行政機構沿革〉中說：「據湖北省1910年印製的〈湖北省教育情況統計圖表〉記載，1903年12月，黃梅縣廢教諭、訓導署，改設勸學所，所址在縣署東偏，勸學所負責人的職銜名稱，先叫總董，後改稱所長。總董（所長）綜理全縣教育事務，下設四名勸學員……1923年全國改勸學所為教育局」。在附表中又列舉了歷任所長的名單：石振堤、李大受、熊竹生、梅寶琳等，大多係黃梅的名士，前清時代都有科舉功名。其中並未提到廢名的父親馮楚池在勸學所任職，即便黃梅鄉間及馮氏宗譜的說法「馮楚池曾任勸學所視學」成立，恐怕也得說是「勸學所勸學員」。

九、廢名讀了啟黃中學嗎

在現今所有關於廢名生平的年譜、傳記中，都提到廢名於1915～1916年曾就讀啟黃中學（黃岡中學前身），後又升入湖北第一師範學校。這個說法最早應該是廢名的大姪子馮健男提出的。這種說法容易引起的懷疑是，難道啟黃中學比師範學校要低級嗎？中學都已經畢

業，還有必要再去讀師範學校，再考北京大學嗎？筆者近讀《湖北考試史》，方將此一困惑解開，並認為廢名沒有入讀啟黃中學。

《黃梅縣教育志》第九編〈教學思想教育和體育衛生〉載：「1912年，教育部規定小學分初小、高小兩等，初等修業四年，高等修業三年。每年除星期日外，全年另放假九十天。黃梅縣高等小學由修業四年改為三年，學校開設四、五、六三個年級。在『教育內容』一節中列舉了八角亭高小在清末時期的課程：修身、讀經講經、中國文學、算術、中國歷史、地理、格致、圖畫、體操、手工，共十門。又記載：『民國初年，高等小學教學科目與清末有所改變：讀經講經改為國文，格致改為理科。另增加唱歌科目，男子加課農業，女子加科縫紉。』」這裏關於高小的學年及課程設置的記載，與《湖北考試史》中的記載是一樣的，都是引用自1912年9月3日頒佈的《壬子學制》。

按照以前的說法，1913年，黃梅縣中「遷入黃梅縣第一高等小學內，由第一高等小學統一管理」，1915年「黃梅縣中學因辦理太差，停辦」，部分學生轉入啟黃中學。筆者乃一度懷疑廢名在1915年藉機升入啟黃中學並於1916年畢業，這樣乃與馮健男的說法相吻合。可惜，筆者翻讀《湖北考試史》，才知啟黃中學與湖北第一師範學校是平行級別的學校，如果廢名1915年升入了啟黃中學插班就讀，1916年畢業後完全沒有必要再考進湖北第一師範，可以直接考北京大學的。

又據《湖北考試史》第六章〈民國前期的湖北考試〉記載：「1922年《壬戌學制》頒行前，中等師範學校與實業學校均自成系統，與普通中學鼎足而三……1912年12月10日，教育部頒發《師範

學校規程》，規定中等師範學校設預科和本科，預科的修業年限為一年，本科第一部的修業年限為四年，本科第二部的修業年限為一年。有關入學、插班的條件，則明確規定為：在高等小學畢業，或年在十四歲以上與有同等學歷者，得入預科；在預科畢業，或年在十五歲以上與有同等學歷者，得入本科第一部；在中學校畢業，或年在十七歲以上與有同等學歷者，得入本科第二部。」這個記載說明，當時由高小畢業的學生需讀五年才可以畢業。廢名如在啟黃中學畢業了，則按第三種可直接入讀本科第二部，讀一年就可以畢業，而廢名在湖北第一師範讀了多年，可見廢名應是1916年自八角亭高小畢業後升入湖北第一師範的，按照學制五年，廢名當於1921年畢業，並於1922年考進北京大學。

　　所以，對於廢名早年受教育情況，應是：1906～1913年就讀都天廟私塾（中途於1907年因多病退學，1908年復入），1913～1916年讀八角亭高小，1916～1921年讀湖北第一師範學校。值得一提的是，湖北第一師範學校成立於1912年，其前身為1904年張之洞設立的兩湖師範學堂，兩湖師範學堂的前身為張之洞於1890年創建的兩湖學院，此為全國最早的新式學院，而兩湖師範學堂則被稱為「兩湖總師範學堂」、「千師範學堂」，為清末新政維新之風興起之後全國規模最大、教育方式最先進的學堂。

作於2007年底

原載《新文學史料》2008年第三期

馮文華烈士傳略

　　大革命时期的中国，倘若没有毛主席的《湖南农民运动考察报告》这篇記載，中国共产党人领导的中国农民革命的轟轟烈烈，便会从而傳給后代。有了《湖南农民运动考察报告》，那就是毛主席的話："孫中山先生致力国民革命凡四十年，所要做而没有做到的事，农民在几个月内做到了。这是四十年乃至几千年未曾成就过的奇勛。"筆者在我黄梅果亲眼見过这奇勛。每次讀《毛澤东选集》第一卷里这第二篇文章，事隔三四十年，当时在黄梅果的共产党人，黄梅果的农命运动，在我的記憶里又火一般地紅起来了。农民运动，接着就是蔣介石反革命大屠殺。当我讀陶承同志《我的一家》時，我用新民歌体寫了《歌烈士》一十五首，其二、三首云：

　　　　"我的一家"千万家，
　　　　　蔣介石"清党"殺殺殺，
　　　　　当时猖獗省两湖，

〈馮文華烈士傳略〉手跡。馮文華係廢名堂弟，1927年7月15日與邢家鎮一同在黄梅嚴家閘被害。

並非醜化：廢名的真實一面

「廢名之貌奇古，其額如螳螂，聲音蒼啞，初見者每不知其云何……廢名眉棱骨奇高，是最特別處。在《莫須有先生傳》第四章中房東太太說，莫須有先生，你的脖子上怎麼那麼多的傷痕？這是他自己講到的一點，此蓋由於瘰癧，其聲音之低啞或者也是這個緣故吧。」這是周作人在《懷廢名》一文中關於廢名的音容笑貌的描寫，並在文中講到廢名與熊十力扭打之事。以上記載歷來為許多文人稱引，然而大多是當奇談甚至是美談，並沒有過多去思考或發掘其他史料以證實之，聊作笑談而已。

據筆者翻閱一些此前未曾公布或者很少注意到的史料，或者有意迴避的認為有損廢名形象的史料，例如〈文壇怪人的怪事：廢名的方城三人戰〉、〈周作人的三位高足：俞平伯、馮文炳、冰心〉、〈廢名教課「發神經」〉、〈馮文炳的名該廢麼？〉、〈廢名的廢話〉、〈《莫須有先生傳》的作

者〉、〈兩個文人：馮文炳‧梁實秋〉、〈評廢名君的《桃園》〉、〈新文壇逸話：廢名的怪癖〉、〈廢名致周作人信二十四封〉（整理者陳建軍先生提供，即將發表於《魯迅研究月刊》，此信以前從未公布）等，可以看出廢名其人確實「奇醜」，確有過許多在別人眼裏非常乖張的事蹟，而周作人所謂廢名有「特殊的謙遜與自信」，或許是別人眼裏的躁鬱也未可知。廢名言行乖張，再加上奇醜的外貌，足可以讓人「嚇了一跳」。

其實，廢名的言行乖張，與他的性格，有很大的關係的。其人內向，習靜思，這是大家都知道的，而其躁鬱、自卑的一面，卻也有體現。依我來看，除與廢名家境稍貧有關，還與他在北大的學習成績等也有些關係。據廢名的同學許君遠回憶：「民國十一年北大收入的學生約三百二、三十人左右，文科方面除德法文班外，英文組分甲乙丙丁四班⋯⋯在預科二年期間，梁君（遇春）是丙班一組。與他同班（按：意為同伴）的張友松、石民是乙班，廢名是甲班⋯⋯在民國十三年夏季北大英文系的入系試驗，梁君以第五名而獲中（第一是張友松）。」又據許君遠回憶，在本科期間，英文系最優秀的四個學生是：張友松、梁遇春、鍾作猷、許君遠，其中並無廢名。那麼廢名的成績在班上到底如何呢？據廢名在北大的學生柴扉在〈幾位作家所給我的印象和言行‧《莫須有先生傳》的作者〉（原載《十日談》1933年第十期）一文中提到「北大某君諷他在北大英文系是背榜畢業的」，也即是說廢名在北大英文系是以最後一名的成績畢業。這讓我想起廢名在北大比別人要遲一年畢業的事來。此前研究者總歸咎為廢名於1927～1928年休學一年，故而遲一年畢業。其實，這個理由未必充

足。因為當時與廢名有相類似的情況而離校的學生很多，例如許君遠在張作霖解散北大之後，就直接在北平《晨報》工作了，不久又到了天津《庸報》。期間，北大於1928年「光復」，他直接回校拿了畢業文憑，梁遇春則從暨南大學返校拿了畢業文憑。那麼，為什麼廢名在成達中學教了半年書之後，於1928年返校怎麼就沒有拿到畢業文憑呢？而非要他按照休學處理再遲一年畢業呢？這個恐怕就與廢名當時的學習成績有點關係吧！

　　家境的不夠寬裕，再加上學習成績又不好，自身又較孤僻，所以廢名只好獨來獨往，而顯得有些與眾不同、曲高和寡似的。廢名曾說：「煒謨是我輩中很懂得道理的一位，與我很談得來，他的遭遇又

廢名的北大畢業同學錄封面

不大好，還能抖擻精神，大有所作為。」他竟然與生性孤僻、不苟言笑的陳煒謨最談得來，倘若不是自身在許多方面與之相近不會至此吧！在《廢名致周作人信二十四封》中，我們也可以找到一些例子來，從中很明顯地窺見廢名的內心動態與性格，同時廢名的出書、找工作、留校任教也並非一帆風順。

1924年，廢名在致周作人的幾封信中說：「我現在借得了一筆款子，足夠印行《黃昏》之用。恭請先生替我做序……我突然又變冷淡了，不想把東西印出來。年來閑靜生活，這幾天攪亂得厲害，很不值。還是候新潮社的資本與人力罷，不然，就是我已經不在這世界，

廢名致周作人信手跡

而它還在我的屜子裏，也不要緊……我在家裏也常是這樣一天十八變，我的父親罵我而又怕我氣悶。我現在也有點畏先生，雖然明知道先生必定還嘉獎我……我打算把那印書錢拿來犧牲，所以賣不了一份，也不打緊。然而把稿子送交印刷課之後，兩三次往返交涉，把心都紛亂了，找朋友幫忙，個個都是擺頭；這還不說，最難的，將來還要自己買幾張顏色紙寫一個大廣告到各院去貼！這叫我怎麼行？不得已又決然的罷休。」這說明，廢名曾想自費出版小說集《黃昏》（後改名為《竹林的故事》），但很快又打消這個念頭（等待新潮社出版，將印書錢作他用，卻依然遲疑不決），在這反覆變化中，體現了廢名浮躁與自卑的一面。既想早點出書，哪怕是自費，忽又覺得沒有必要，一會兒有了躁動，一會兒又安靜下來，而他當時對周作人也是抱著敬畏的心態，並希望得到周作人的嘉獎，或許這就是周作人欣賞他的「特殊的謙遜與自信」吧！

《竹林的故事》出版以後，他寫信給周作人說：「我近來已經望見了我的命運，對於社會，不敢存什麼奢望，不過能夠利用一般盲目崇拜的心理，把他放在好招牌之下，因而多消幾本賺幾個錢，覺得也來利用，──萬一真賺不到，我想我也能更活潑而且更驕傲的度日罷。」

1927年，因為去留的問題，他給周作人的一封信集中體現了他的拘謹心態，這種拘謹心態與他的躁鬱性格也是分不開的，信中說：

> 昨聽說北大行將結束，則此地我實不能再留。本想還留一年的，以學校住卒業為藉口，只要郵彙通，還可以向家裏設法弄

錢，就在這一年內，盡力寫完《無題》。現在去往那裏去呢？湖北，我的家鄉，我是不肯去的，在那裏雖容易找得飯吃，而是置自己於死地，不能工作，——這個我能預言。思之再三，廣州中大，那般紳士似乎沒有打算去，我們或者可以相容，而且我別無「野心」，只要多有餘閒，隨便什麼職事都行，請先生斟酌情形能否因寫信江紹原等介紹一下而可成？如此路不通，前所雲山西崞縣托先生找教員，現已找得否？我看了一看地圖，這個地方偏僻得可以，倘若我就去居下幾年，人不知，鬼不曉，將來回來帶幾部稿子再跑到苦雨齋，迎面一聲笑，倒真算得個「不亦快哉」。不過中學擔課怕忙得很。至於寂寞，我實在有本領不怕。此孰吉孰凶，願因先生決之。

　　以前，我們總以廢名北大畢業以後，就直接經由周作人推薦而留校任教。事實並沒有那麼簡單。其實，廢名在畢業之後，很長一段時間都沒有工作，並為工作到處奔波。廢名估計最早也是在1931年年底或1932年才被北大聘任為教員的（據胡適曾為廢名作的一個任職資格證明，廢名是1931年11月被聘任為北大講師的）。也就是說，廢名於1929年畢業之後，經歷了三年的波折才被北大接受為教師。

　　自1928～1931年，有多處資訊表明廢名還在為工作奔波，甚至有了去上海、南京謀職的想法。1928年，廢名致周作人信中說：「前日之來苦雨齋，是別有話說，座上有人，未說出。孔德學校，下學期，可由先生介紹給我月二三十元一教職否？（多了不要，少了也不成，最要緊的是一個「現」字）」1930年，因與馮至、周作人等辦《駱駝草》

而暫時沒有提到工作，而此時廢名在文壇的名氣已較大，稿費應可以勉強維持生活。到了1931年廢名又開始為工作忙碌，那年1月，他在致周作人信中說：「青島這地方很好，想在這裏住它一個春天，刻寫一信給平伯，請他或由他另約幾位與楊振聲之有交情者共同寫一信與楊替我謀三四點鐘功課，不知如何，請翁就近向平伯打聽一下……我本想到上海去，但又怕同李老闆買賣做不成，如果這裏實在留我不住，那就自然而然的扯起順風篷走了。」以上兩次求周作人介紹教職事，都是未果的，而信中也可以反映出廢名內心裏是多麼渴望得到周作人的幫助而留在北京。

1931年，南京的《現代文學評論》發布了一則文壇消息《馮文炳將來京》，內中云：「馮文炳為北方文壇中之健者，其作品頗多，擅長散文，筆名廢名，聞馮近受南京《新京日報》之聘，將來京任該報副刊編輯雲。」《現代文學評論》是一個有一定民族主義文藝傾向的刊物，1931年4月10日在上海

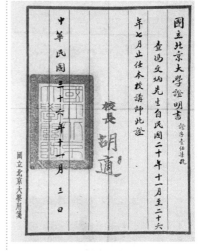

胡適為廢名提供任教年限證明書，從中得知廢名於1931年11月被聘為北京大學講師。

創刊，由現代書局發行，裏面提到的《新京日報》則由著名報人石信嘉創辦（幕後主持者是陳立夫、吳醒亞等），鴛鴦蝴蝶派作家喻血輪擔任編輯主任，先後在副刊任編輯的有雜文家聶紺弩、詩人卜少夫等。據筆者所知，石信嘉、吳醒亞、喻血輪都是黃梅人，與廢名有同鄉關係，其中喻血輪與廢名兩人的家僅隔數百米，他們之間應該是有聯繫或交往的。所以，筆者認為，這則消息決不會是空穴來風的，很有一些事實依據。這個消息恰恰也反映了廢名畢業之後找工作的曲折。

大約直到1932年，廢名的兩部長篇小說《橋》、《莫須有先生傳》出版問世，在文壇上引起較廣泛的關注，他才結束三年的賦閑以及奔波求職生活，轉而被北大聘用。

1932～1937年廢名在北大任教期間，他給學生又留了什麼印象呢？柴扉在〈《莫須有先生傳》的作者〉一文也有一段記載：

> 他說話時不住地搖著他的腳。他的口音很低，好像喉間臟有許多痰。我從他的裝束——黑皮帽呢大氅，駝絨袍——和短短的平頭，瘦削的臉，深陷的眼，看他好像是個拘謹的商人（注：「平頭」理髮式樣的一種，南人稱「平頂」）。

《大學新聞周報》1934年11月3日第二卷第八期上也有署名「B.P.」的一篇〈馮文炳的名該廢麼？〉，該文有兩個副標題：幽默派文人是這樣的神秘！好一個迴避現實的象徵！並指出此文為「北大課堂寫真之一」，主要內容是：

我要談廢名，我要先談談我與廢名的關係，我是一個文藝讀者，尤其是一個新文藝的試讀者，所以好些年來我就常常留心到所謂文壇，又不期然而然的認識一些所謂文學家，自然，廢名就是其中的一個，而且我認識他的「廢名」時間還不算呢！

大家都知道他是當今幽默派老手——京兆布衣周作人氏的三大弟子之一，這個「小布衣」是湖北黃梅縣的人，現年三十六歲，曾在北京大學英文系畢業，又東西南北去「走過江湖」，而今帶倦歸來，仍以賣文章和教文藝謀活。他身材瘦削得很！宛如一個骷髏和迷人的幽靈物，他滿臉是皮包骨頭，而最顯著的是兩顆上門牙包也包不住！他穿的是布衣，布鞋，布……總不離他們的「布」家之風。他說起話來好似幽默，又似乎梗塞——總

周作人〈《莫須有先生傳》序〉手跡

之馮文炳是一個十足的小丑。他最近在《人間世》上替他的老師貼「廣告」，同時幽默派也將他的像去作「廣告」。其餘他的所謂作品也者，並不肖其師，不過是一個「廢名」常常在小刊物上冷嘲熱諷；他教書時，一口不談到幽默，而滿口都是幽默的話頭，這種人眼前多極了，我不知道他們取的什麼態度？因之我以為馮文炳是一個莊嚴的教師嗎？還是以他為一個小幽默？我也弄得莫名其妙了，現在我有一個問題留待讀者諸君去答復：像這樣一種文人，生在這樣一個時代，處在這樣一個國家，到底他的名該不該廢？

十多天後，這家報紙又有一篇署名「P.Y.」的〈廢名的廢話〉，也是狠狠地譏刺了廢名的文藝觀，顯得有些離譜、誇張，這不過是反映了當時不少北大學生受革命文藝觀的影響而已，但他們的描述，尤其是相貌、神情的描述，也有真實的一面。

另有一文發表於《十日談》（邵洵美主辦）1934年第四十四期《文壇畫虎錄》欄目（章克標編輯）上，題名為《兩個文人》，其一是講廢名，其二是講梁實秋，作者署名鑫鑫，似是廢名的學生。章克標主持的這個欄目裏的許多文章屬於戲談，甚至因此引發過訴訟官司，但也有些文章寫得很真實、風趣，例如鑫鑫這篇，作者對廢名似不夠恭敬，但對梁實秋倒佩服得不得了。文章不長，採用近乎掃描的筆法，近距離觀察廢名，可謂在周作人描述廢名之外最為難得的文字記錄，特全文摘錄於下，以供讀者參考：

記得今年暑假，周作人先生為了搜集做日本文學史的材料，到了東京的時候，有一個日本人問他，周先生的弟子有沒有幾個特別出色的人物？當時周先生回答道：「有，一個是在清華大學教書的俞平伯，一個是在北京大學擔任講座的馮文炳，便是筆名廢名的馮先生。」

普通人大都對於馮文炳這個名字，總覺得生疏，可是提起了廢名，便差不多連普通的中學生，都會知道的；好，我來介紹一下廢名先生的真面孔吧，我想這是大家一定極喜歡的！

馮先生在北京大學教了兩門功課，一門是「散文選讀和作文」，另一門是「新文藝試作」。

我第一次和廢名先生見面時，幾乎把我嚇了一跳！在沒有見過他的人，總會猜想到他一定和普通人一樣，光光的短髮或長長的

廢名三十年代中期在北平

頭髮吧？！不，不，簡直不是那麼一回事！他把頭髮完全剪了去，滿頭挺黑挺硬的短髮，一根一根的豎直著，前面幾乎和眼眉銜接起來，後面又深深地藏到油膩的衣領下面去；因為黑髮特別黑而多，臉上的眼呀什麼的便顯得特別淡而寂寞，尤其是眼眉，我仔細看了半天，好像並沒有看到一根眉毛長在上面，只不過在應該長眉毛的地方微微地凸起了一些，表示著眉毛的部位而已。

他的臉和身體的各部分一樣瘦得過火，兩頰深深地陷下去，顴骨又高高地凸起來，嘴唇四圍的皮肉，像用什麼拉緊的東西特別用點手術似的，竟致連笑笑時，皮肉的皺縮，都有些不自然。

特別是在眼骨上掙起來的一副粗邊眼鏡，好像北平王府井大街一帶的商店門口，撐了起來的大布幔一樣，又笨重又礙眼；使人看了，自然地會感到有點兒悶氣，一直到離開了馮先生的時候。講到馮先生的說話，那才有意思呢！第一是他的聲音特別，他不能讀出真確的喉音和舌音，無論講那一個字，總是用鼻子來幫忙的。這也須和他那瘦骨如柴的身體不無關係。可是有一次我卻發現了在他脖子的右下方，有一塊番餅大小的瘡疤，是生過瘡呢；還是有別的原故，我不知道。可是我覺得他那瘡疤，或許就是鼻音特別的根由吧！

還有關於此一時期的廢名的逸聞或曰「醜聞」文章，如發表於《電聲》1937年第六卷第二期的〈文壇怪人的怪事・廢名的方城三人戰〉，這一逸聞在文星的筆下有所發揮，他寫了〈新文壇逸話：廢名

的怪癖〉（原載《國報周刊》1943年第三期），同時在該文中披露出廢名曾因為單戀一個好友的新婚妻子而寫整本的詩集（即廢名的情詩集《鏡》，該集裏的詩不少已發表於李健吾主編的《華北日報》副刊「文藝周刊」，如組詩《〈琴〉及其他》），這為我們研究廢名的情詩指出了一個新的線索。該文寫道：

> 提起廢名來，大家也許不十分陌生吧，不久以前的《古今》半月刊上，還曾登過一篇周作人的《懷廢名》（按：原刊作《憶廢名》）。他在北方文壇的地位，較周作人僅稍次一等，就是南方人也都稱譽他是「京派」文壇老將。
>
> 廢名的真姓名是馮文炳，人倒是很和氣的，只是作出來的事總是非常的古怪，例如他因為嫌姓名累贅，索性把姓名廢掉了，就叫廢名，大家也都以廢名呼之，到了現在，真姓名反被淹沒了下去，他在北方鬧了不少奇奇怪怪的新聞趣事，有一年，他獨自一人發痴般的在北平西山租了三大間房子住了好久，又有一年，他特地為他所崇拜的一位女人——他的一位朋友的妻子，寫了整整的一部詩集，但他卻又始終沒有向他表示過一些什麼，也沒有把那詩集出版。
>
> 廢名有位好朋友袁家驊，是他十年前在北大讀書時的同學，這時剛剛結了婚，新婚燕爾，雙方自然非常親昵。廢名在一旁看得眼熱，便也把他幼時鄉間時的那位小腳夫人接到北京來同居，可是這位小腳夫人卻時常要和廢名鬧意見，每鬧一次，廢名總要跑到袁家驊那裏去訴一次苦。

有一時期，廢名因為在家裏受不住女人的氣，便整天逗留在袁家驊家裏，大家圍著火爐沒有事幹，想起了玩玩小麻將的樂趣，便創始了一種「方城三人戰」的賭錢法。這種三個人碰麻雀的事，委實是很有趣的，這三個人，一個是廢名，一個是袁家驊，一個便是袁家驊的新婚夫人。

他們雖是三個人打牌，但卻是非常認真的，並且每天不免要衝突起來，尤其是廢名跟袁家驊的新婚夫人，每天到了末了，總常常要鬧得面紅勁赤，大家不快樂地分開，至於慣牌碰桌子，那更是很平常的事了。

但更有趣的是，每次鬧過後，到第二天再見面時，卻又都是歡笑如平時，早把隔日的事忘掉了，而又籌備開始作「方城三人戰」了。

一直到了四十年代後期，人們對廢名還是用異樣的眼光來打量他。例如發表於1946年第三十五期《東南風》上的〈廢名教課「發神經」〉一文記載：

他是黃梅人……面貌生得清奇高古，額腦似螳螂，有些隱士風範，聲音蒼涼沙啞……北平淪陷後，他浩然南歸，在故鄉擔任了幾年的中學教員，今年應聘到「北大」教書。最近他教課的時候，常常有些舉動異於常人，有點兒稀奇古怪，——學生們都目之為「發神經」，——其實，這些怪異的動作，是由於他研究佛典的緣故，是長期修持之後的必然結果。據他自己查閱

經典，這些動作都與上面所說的暗合。──這便是說他對於佛典研究的功夫已很深了！

以上所揭示的都是廢名的真，並非醜化廢名，讓我們能回到歷史的現實中去瞭解廢名的言行、性格而已。結合以上史料，再比照周作人在《懷廢名》中的描述，我們似乎可以認為：周作人所描述、記載的非常地真，不用再懷疑它的虛構成分，這不是什麼奇談、笑談、美談，現實中的廢名或許更「誇張」哩！

作於2008年9月

原載《新文學史料》2009年第二期

《廢名年譜》的特色

　　自我買到《廢名年譜》，每日總不免去翻上一翻。這一個多星期來，那封面也不知摩挲了多少次。閱讀它，就像捨不得將一塊甜瓜一下子吃完。分明地，它的特色在吸引著我。

　　《廢名年譜》不同於一般的年譜。該書，在譜前有〈傳略〉；譜後有三個附錄，曰〈廢名的筆名〉、〈廢名研究綜述〉、〈廢名研究資料索引〉，這三則文章的價值不亞於《年譜》自身價值的一半。它們所需要考證的力度恰是《廢名年譜》所下考證功夫的見證和縮影。此外還有〈編寫說明〉和〈後記〉，編著者業師易竹賢老的序言，這些是自不待言的。

　　它的特色最引我注意的是，考必有證，查必有據。我們可以隨處看到諸如《周作人日記》、《秋荔亭日記》、「書信選」等字眼。它們都體現了編著者的學術品格是極嚴謹的，值得學術界同仁學習和尊重。另外，

括弧裏的按語也是值得讀者注意的。凡有與傳統説法不合者，或尚無定論，有多種説法的，編著者一一指陳，以免以訛傳訛。

這本年譜，刻畫的是一個具有獨立精神品格的作家和學者的一生軌跡。儘管某些地方是不夠詳細或清楚的，這模糊的痕跡並沒有帶來太大遺憾。整本年譜的內容是極大豐富的，它摒棄以往年譜的一般作法，只是將譜主當時的事簡略的説一下，儘管是精確到「日」乃至「時」的，這樣給讀者的感覺是索然無味的，而《廢名年譜》，如編著者在〈編寫説明〉裏所説，「有選擇地引錄廢名的自述和時人的日記、書信、評介以及當事人的回憶」，這樣給人一種親切感和真實感，有説服力，並增添該譜的閱讀價值和讀者的閱讀興趣。

這本年譜從1922～1937年的內容，大概占了全譜的一半。這十五年，無疑是譜主廢名一生最輝煌的一段人生歷程。廢名從一個文學青年成為了文壇上的著名文學家，正是在此十五年。期間對他影響最大和交往甚篤的莫過於周作人和俞平伯等人，所以談到他們之間的交往事無大小，盡皆入譜，經常讀到「訪周作人」、「得信」字眼，有的儘管不知道談了些什麼，但我想對於廢名的人品文品的形成是不無影響的。其他諸如魯迅、胡適、葉公超，還有馮至、楊晦、梁遇春、石民、鶴西、沈啟无，再有後來的朱光潛、卞之琳、林庚、朱英誕等師友的交往，在譜中也能夠較為清晰的反映出來，是可以看出他們與譜主之間的感情和影響關係的。

正基於《廢名年譜》上述特色，它既是一本一般性學術專著，在某種程度上也可以説是一部別具一格的「廢名評傳」。它能夠讓讀者在閱讀之後較為準確和清晰地瞭解譜主的成長軌跡和他的文品人品。

譬如，1921年，周作人得「武昌馮君函」，是為兩人交往之始，廢名向周作人請教創作白話詩文；1949年「廢名曾為他（眉睫按：指周作人）在老朋友中為他募捐，並經常去周家」，「訪周作人，贈款一萬元」，過兩天，「訪周作人，又贈款一萬元」，難道我們從中不能受到感動嗎？它還是一部「廢名評論選集」，凡時人或後人評介廢名的文字有代表性者，編著者節選入譜。有的還是鮮為人知的，如朱自清、胡蘭成等人對廢名的研究和評述，非有心人是不會注意到的。

　　《廢名年譜》是瞭解廢名文品人品、閱讀廢名詩文和研究廢名不可或缺的一部經典性著作。更何況它還是國內外第一部以專著形式出版的《廢名年譜》，這就更體現它的地位和價值了。

　　夏元明先生曾寫了一篇文字極優美的《廢名年譜》書評，其中談到編著者所查閱雜誌不下六十餘種，書籍不下一百多本。據編著者告訴筆者，是遠不止這個數目的。其實我們不必去數，

《廢名年譜》，陳建軍著，2003年華中師範大學出版社出版。

也知道是不下於夏先生所提供的資料的。因為它需要有心人的搜集整理，有的還是沒有完全例舉出來的。編著者不是在〈後記〉中感歎地說：「找資料難，找廢名的資料更難」。的確，廢名的資料是很難找全的。孫郁就曾在〈周作人和他的苦雨齋──弟子之一〉說：「關於廢名的史料很少，而傳說很多。」

　　筆者在閱讀《廢名年譜》的時候還有一個小小的發現。先前我閱讀黃梅文史資料，注意到了一個人，他叫梅遠志，我之所以注意到他是因為他是筆者的曾祖輩兄弟，他在我們這一帶算得一個大名人。後來我去拜訪廢名在黃梅的得意門生翟一民先生，從他那裏得知廢名1916年入啟黃中學，這時我想起梅遠志來，他正是1916年入啟黃中學的。大家都是黃梅人應該認識吧！更何況梅遠志也非等閒之輩，他後來是國民黨少將，係愛國將領，1946年前後在南京任軍需處副處長。後來我讀《廢名年譜》轉引馮健男《我的叔父廢名》（《廢名年譜》246頁），廢名中學同學時任少將軍需官為莫須有先生買飛機票，莫須有先生乃有坐飛機之說，我感到一個發現的喜悅──此人是梅遠志。而馮健男、馮思純等並未提及此人姓名。後來我在致編著者陳先生信「《年譜》補遺」中提到此事。陳先生也很高興，專程打電話給筆者。這也體現陳先生的嚴謹和熱忱。

　　陳先生對我一向是很嚴謹熱忱的，對我感染很大，現在我卻提起笨拙的筆寫他的書評，豈敢豈敢！趕緊打住。

作於2004年5月

原載《中國圖書評論》2004年第九期

浮出水面的詩人廢名

《廢名詩集》（繁體本）於2007年7月在臺灣出版，這是詩壇上一朵遲開的花，同時也將是遲謝的。「廢名是詩人」，漸漸已成公論，然而長久以來讀者並不能讀全他的詩。此次《廢名詩集》出版，將到目前為止發現的廢名1949年以前的詩109首全部收入，包括兩首舊體詩和兩首譯詩。另外，「為便於讀者瞭解、理解廢名的詩學觀和詩歌創作，特選〈新詩問答〉、〈新詩應該是自由詩〉、〈已往的詩文學與新詩〉、〈關於我自己的一章〉等七篇文章列為附錄」（陳建軍：〈《廢名詩集》前言〉）。至此，詩人廢名完全浮出水面。

廢名的詩以前大體輯印過三次。一是1944年新民印書館出版的《水邊》，主要是廢名的作品，所以一般認為該集的作者是廢名（另一作者為開元，即沈啟无）。解放前乃至今天不少讀者都是通過它集中領略詩人廢名的詩才的。二是1985年出版的馮健男編選的

詩集《水邊》初版本，廢名、
沈啟无合著，朱英誕編選。

《馮文炳選集》，共收廢名解放前的詩
二十七首。新時期以來的讀者大多以此
為藍本欣賞和研究廢名的詩歌。三是
1993年周良沛編的《新詩庫三集・廢
名卷》，將廢名生前公開發表的詩以及
馮健男提供的三首未刊手稿全部收入，
因此也為編者所認為廢名的詩已經全部
彙集於此。這樣廢名躋身百名詩人之
列，似乎已「鎖」進新詩庫，沒有更多
的可能。不久，隨著廢名佚詩的不斷發
現，才知道廢名的詩有兩百首以上，
「廢名的詩大約僅存三十首」的說法也
由此打破。可惜廢名的《天馬》詩集大
多已散佚，因此此次出版的《廢名詩
集》大約只占廢名全部新詩的一半。

　　詩人廢名的詩歌創作也是經歷了
幾個階段的。其早期詩歌截至1926年
止，淺顯易懂，大多發表在《努力週
報》（胡適主編）和民國最早的新詩
刊物《詩》月刊（葉聖陶、朱自清等編
輯）上。1922年廢名以發表新詩登上文
壇，此時的詩歌有的反映初到北京的農
村求學青年欲衝破禮教束縛而又膽怯的

心理，有的則反映五四退潮後一代文學青年的焦灼、苦悶，同時廢名的視角也觸及到下層人民生活，這些詩往往是思想和感情的碎片，閃亮、深切。如「白天裏我對著一張紙做我的夢／夜間睡在床上聽人家打鼾／討厭的人們呵／你們就在夢裏也在打攪我」。這些詩歌較為一般讀者易於接識的是〈冬夜〉和〈夏晚〉，風格樸實清新。廢名的早期詩歌放到新詩史上看待，則體現了新詩草創之初的幼稚、直露。

進入三十年代後，新詩開始趨於成熟、繁榮。廢名這一時期的詩歌詩風古樸、晦澀，顯現出自己獨特的價值和風格，也體現廢名在實踐自己的新詩觀上所做的努力。《廢名詩集》中共收錄八十首，代表詩人廢名的主體風格和最高成就。總體說來，大致有三大特點：

一是散文化傾向。廢名的詩往往是信筆所致，揮灑自如，行乎當行，止乎當止。同時廢名又是運用經濟的文字，廢名說：「我過去寫的新詩，比起隨地吐痰來，是惜墨如金哩！」（廢名：〈談談新詩〉）廢名將文言字詞運用到新詩的語句當中並活用典故，即是極大的嘗試和探索。如「我學一個摘花高處賭身輕」，將吳梅村的詩句直接引入，嫁接得多麼自然，毫不費力氣。

二是以禪入詩。1922年廢名懷著一顆極大的嚮往之心來到北京，不久卻是面臨新文學陣營的內部論爭、分裂，廢名陷入極度苦悶之中。隨後1927年張作霖率軍進入北京，北京文人紛紛南下，北方文壇顯得格外冷清寂寞，廢名不能「直面慘澹的人生」，心理由苦悶趨於封閉，性格更內向，思維方式側重於內省，在急劇變化的時代洪流中，廢名找不到可辨清方向的思想作指導，於是躲進西山參禪悟道。汪曾祺、卞之琳都曾以此時的廢名為原型刻畫一個「深山隱者」形

象。廢名此時思想藝術的變化很明顯表現在他的小說《橋》和《莫須有先生傳》上，以至他的朋友溫源寧教授懷疑他受英國的吳爾芙、艾略特影響，然而不單是小說，這一變化也表現在這一時期的詩歌上。至此廢名詩風大變，內容頗費讀者猜詳。廢名以禪寫詩，讀者應該以禪讀詩。蘇軾説：「暫借好詩消永夜，每逢佳處輒參禪。」嚴羽在《滄浪詩話》中也説：「大抵禪道惟在妙悟，詩道亦在妙悟。」廢名的許多詩句看似半通不通，無邏輯可言，其實他的詩像李（商隱）詩溫（庭筠）詞一樣，表面不能完全文從字順，但骨子裏的境界卻是高華的，「如空中之音，相中之色，水中之月，鏡中之象」，像「滄海月明珠有淚，藍田日暖玉生煙」，「小山重疊金明滅，鬢雲欲度香腮雪」，誰又能只通過字面而不借助想像和領悟去理解呢？廢名大約是最早將禪引入新詩的詩人，1947年黃伯思（黃裳）在〈關於廢名〉中指出：「我感興趣的還是廢名在中國新詩上的功績，他開闢了一條新路……這是中國新詩近於禪的一路。」廢名的這些詩大多成於一時，「來得非常之容易」，有的是吟成的遊戲之作，不可與之較真，亦不可輕易放過，因為裏面「實在有深厚的力量引得它來，其力量可以説是雷聲而淵默」。如「我倚著白晝思索夜／我想畫一幅畫／此畫久未著筆／於是蜜蜂兒嗷嗷地催人入睡了／芍藥欄上不關人的夢／閒花自在葉／深紅間淺紅」。廢名的詩像晚唐詩詞一樣有「擔當（寂寞）的精神」和「超脱美麗」（廢名：〈關於我自己的一章〉）。

　　三是美與澀的交織。廢名的詩美是天然的，詩情是古典的，往往令讀者有一種丈二和尚摸不著頭腦的美麗，有彷彿得之的感覺。這是廢名的詩晦澀的表現。廢名的詩融儒釋道為一體，並有現代主義之

風，使得廢名的詩成為一個獨特的存在。廢名曾以〈掐花〉為例說它是「新詩容納得下幾樣文化的例證」（廢名：〈《小園集》序〉）。廢名有的詩確實難懂，如「黃昏街頭的楊柳／是空中的鏡子／對面小鋪子的電燈／是寂寞的塵封／晚風將要向我說一句話／是說遠天的星麼」。真是詩人將要囈語，是說一首詩麼？

抗日勝利後，廢名再一次經歷思想大變，這一時期儘管只有七首小詩，卻不可小覷。廢名經歷九年跑反、避難，開始同情於「人類的災難」，痛恨於「人類的殘忍」，呼籲和平，詛咒戰爭，追求真理。我們很難認為〈四月二十八日黃昏〉、〈雞鳴〉、〈人類〉等詩與廢名三十年代的現代派詩風格、思想是一樣的，至少這幾首小詩的思想取向、詩風追求已經大迥異於以前了，而且好懂許多，更接近現實主義，我們不妨認為這是詩人在經歷戰亂以後新的詩藝追求，如同杜甫在安史之亂以後的詩歌，在同時期則如馮至的十四行詩。

讀廢名的詩不可不讀他的《談新詩》。兩者互為參照，也許詩就好懂多了。這方面的典範是沈啟无為廢名編輯的《招隱集》，既有《水邊》中的詩，又有《談新詩》中的部分重要章節。不管怎麼說，廢名的詩難懂又是公認的，劉半農、朱光潛、沈從文、艾青、吳小如等都這樣認為，詩人廢名恐怕很難覓得知音。但我們應該知道，廢名說：「我偶爾而作詩，何曾立意到什麼詩壇上去」（廢名：〈《天馬》詩集〉），而沈啟无作詩則是廢名鼓勵的結果，兩人都無意為詩人，卻能有「共賞之趣」，他們作詩都只是私下愛好而已，並且沈啟无有感激廢名的意思。這樣我們就不難理解，為什麼沈啟无出於懷念廢名出版廢名的詩集並作序詩〈懷廢名〉，還將自己的詩作為附庸列於書

廢名《談新詩》，1984年人民文學出版
社出版。

末，明顯有懷念他們一起「共賞之趣」
的日子，而沈啟无後來又編輯《招隱
集》自是深深懂得廢名詩的緣故。這樣
看來，沈啟无算得詩人廢名的一個活知
音。廢名的詩及其詩論在三十年代影響
了卞之琳、林庚、沈啟无、朱英誕等
人，在四十年代又重重影響了北方淪陷
區詩壇，黃雨、吳興華、南星、路易
士、查顯琳等恐怕都難逃他的影響。如
果去翻查淪陷區的報刊雜誌，如《中國
文藝》等，就會讀到大量與廢名詩風近
似的作品和一些觀點近似的論文。五十
年代以後在臺灣詩壇又影響了紀弦、商
禽等詩人，臺北大學中文系主任賴賢宗
教授稱廢名是現代派詩的祖師爺。

　　近幾年來，廢名詩人之名日盛，
這對於小説家的廢名不知是否幸事，而
《廢名文集》出版後，有人説廢名散文
成就最高，不知《廢名詩集》出版後是
否有論者説廢名詩歌成就最高！其實，
作為小説家的廢名和作為詩人的廢名取
得最大成就幾乎成於一時，都是上世紀
三十年代初，只不過當時人們只看到小

說家廢名罷了。廢名的詩具有前衛意識
和探索色彩,以戴望舒、卞之琳和廢名
等為代表的現代派詩上承詩體解放,自
行摸索新詩出路並身體力行地批評二十
年代新月派詩潮,下啟八十年代詩歌的
繁榮局面,廢名也為新詩的成熟立下開
拓之功。

作於2004年9月

原載《開卷》2007年第九期

《廢名詩集》,陳建軍、馮思純
編訂,2007年臺灣新視野出版。

關於廢名

琴及其他

琴

我是一個盲色的人，
所以我成了一個盲人，
向來我笑人說花作影，
花爲什麼看他的影子，
我以爲那一定是一個盲人。
如今我是一個盲人，
我的世界沒有生生死死，
一切的顏色是我的詩魂，
天上我瞧得有星，
黑夜不知我的光明，
下雨我也不敢出去玩，
我倒喜歡雨天看世界，
當初我們沒有當把雷且亮，
自在眾普顏色中，
我懶詩人畫一幅書影。

畫

呀嘆乎人生，
呀嘆乎人生，
花不只夜面爲影，
影不以花而爲明，
呀嘆乎人生，
呀嘆乎人生，
人生直以夢面長存，
人生其如意例。

畫題

我倚看白晝照崇夜，
我想盡一幅畫，
此畫久未著筆：——
於是案畔若見唱環的僅人入睡了。
勞愛鬧上不闊人的夢，
閒花自在業，
深紅間淺紅。

黔上

路上我看見一個好樹影。

《華北日報》副刊《文藝周刊》創刊號中的廢名組詩〈琴及其他〉。該組詩系選自廢名詩集《鏡》。

講堂上的廢名先生

——兼談《廢名講詩》

　　著名京派文學家廢名先生，不但是一個優秀的小說家、詩人、散文家，也是一個出色的教師，他生前留下多部講義、講稿，可惜大多未正式公開出版，隨著華中師範大學出版社今年10月推出的《廢名講詩》一書的出版，他的講稿大多由此問世了。《廢名講詩》的出版，將我們帶回那遙遠的歲月中課堂上的縷縷泛黃的記憶，讓讀者感受了當年的大師風采。

　　在廢名考取北大以前，就有了做小學教師的經歷。1921～1922年，廢名在武昌一小學教了一年多的國文，但他堅持自修，懷著文學夢考進北京大學。大學期間，廢名開始發表大量文學作品，在周作人、胡適、魯迅的關照下迅速成長，成為小有名氣的青年作家。因種種原因，廢名一度失學，卜居於北京西山，開始了短暫的隱居生活，期間為了生計，在成達學校（後併入孔德學校）教了半年多國文。不久廢名大學畢業，在周作人的

推薦下留校任教。從1929〜1964年，是廢名長達三十五年的教師生涯，也是他的學者和教授生涯，而他的文學家生涯漸漸走到了盡頭。

廢名的第一部講義是《新詩講義》，也是建國前唯一一部存留的講義。1934年，廢名在北大講教「新文藝試作·散文習作」，不久開講「現代文藝」。「現代文藝」課廢名決定從新詩講起，這是我國第一部新詩講義，廢名由此成為第一個在大學課堂上以新詩史的角度講解新詩的人。廢名關於新詩的見解是獨到的，影響也是深遠的，其實早在1934年2月1日廢名致胡適的一封信中，廢名就已經論述了自己的觀點，大致如下：

一是明確指出「我們今日的新詩是中國詩的一種」，「白話詩不應該說是舊詩詞的一種進步，而是一種變化，是中國詩的一種體裁。今日的新詩，並不能包羅萬象，舊詩詞所能表現的意境，

廢名三十年代在北平

沒有他的地位，而他確可以有他的特別領域，他可以表現舊詩詞所不能為力的東西。」二是在將舊詩詞與新詩作了質的區分之後，繼而指出語言形式的文言與白話非新舊詩的區別，「舊詩之不是新詩，不因其用的不是白話，就是有許多幾乎完全是白話句子的詞，我也以為不能引為我們今日新詩的先例。新詩之不是舊詩，不因其用的是白話，而文言到底也還是漢語。」三是指出當下詩壇的困窘境地，「今日做新詩的人，一方面沒這個體裁上的必然性的意識，一方面又缺乏新詩的生命，以為用白話做的詩就是新詩，結果是多此一舉。他們以為是打倒舊詩，其實自己反而站不住腳了。」四是對自己的新詩充滿信心和對其晦澀的解釋，「我自己所做的一百多首詩，自以為合乎這個新詩的資格。我用了我的形式表達出了我的意思，他是站在舊詩的範圍以外，能夠孑然而立了。若說他不好懂，那我覺得這本是人類一件沒有法子的事情。藝術原則上是可通於人，而事實並不一定是人盡可解；恐怕同戀愛差不多，我所見的女人我未必都與之生愛情了。」

（詳見拙作〈新發現的一封廢名佚信〉，原刊《博覽群書》2007年

第二期）

但是廢名的詩論並沒有引起胡適的重視，廢名很是失望。據説廢名在上「現代文藝・新詩」以前曾問過胡適這門課怎麼上，胡適叫他按照《新文學大系》上講，意若按照胡適的「談新詩」一文講即可，廢名卻在課堂上大説胡適的不是，一口一個胡適之（馮健男：〈廢名與

胡適〉）。廢名在課堂上與胡適叫陣，除了與兩人的詩論不同以外，恐怕與這封信也大有關係。今天讀著《廢名講詩》的「廢名講新詩」部分，我們似乎可以隱約體察到廢名對胡適鄙夷的神情以及對新詩的樂觀精神。

1937年的蘆溝橋事變拉開了日軍全面侵略中國的序幕，在狂轟濫炸中許多文人作家紛紛南下。日軍的侵略行徑導致許多學者的研究工作中斷，並喪失大量珍貴資料，就廢名而言，從此喪失了完成曠世奇作《橋》（下部）的續寫機會，而《新詩講義》也未寫完（廢名詩學的傳人朱英誕完成了這一未竟的工作，曾將廢名在課堂上講的《新詩講義》進行整理並加以評注，以新詩史的眼光進行了補充，編纂成《現代詩講稿》一書，此書署名「廢名、朱英誕著」即將出版，成為區別於黃雨版本的廢名詩論）。

1939年秋天，廢名已遷家在黃梅金家寨龍鬚橋，於是被邀任設在金家寨的第二小學教員，教國語和自然。他以此為「試驗田」，默默的耕耘，辛勤地播下新種子，教育就是為了反舊教育。他要學生「限讀白話文，限寫白話文」，「作文重寫實際，寫自己最熟悉的生活實際材料，不主張要小學生寫議論文」（李英俊：〈懷念我的恩師馮文炳先生〉，李英俊1948年去臺灣，仍健在）。廢名的寫實主張在這裏得到了一定的實踐。廢名還自編新詩教材，選有除自己的外還有郭沫若、冰心、魯迅、泰戈爾等人的詩作。他還教小學生寫童詩，啟人性靈。很可惜，這些自編的新詩教材現在都已見不到了，否則將是瞭解中國鄉土教育的活化石。

1940年2月，黃梅縣長陳宗猷親自調任廢名至黃梅縣中，任英語教師。廢名花費大部分時間忙於課蒙，自編不少鄉土教材。當時廢名

很受一些學生歡迎，「平時學者風度，平易近人，他很喜歡跟學生聊天。傍晚，他每一出來散步，總有許多學生圍著他，喜歡聽他講當代文學界文人逸事，學生心裏對他懷有無限崇敬！」（李華白：〈從金家寨、五祖寺到大發灣〉）。他還喜同學生講《論語》、《莊子》、泰戈爾、魯迅、葉聖陶、朱自清、陳學昭等人的作品。廢名得意門生翟一民在〈永不消逝的「聲音」〉中回憶廢名講課神態，惟妙惟肖：「雖然他的嗓音沙啞，但朗誦起詩來卻是充滿深情，抑揚頓挫，輕重緩急，剛直迂迴，盡能繪生繪色地表達出來，真是耐人尋味，讓人陶醉，使我們就像是觀賞風景秀麗的山水畫和傾聽一曲清新的田園之歌一樣，在潛移默化中感悟高尚的情操」，「同學們常湊在一起風趣地稱道先生講國語課真可謂『精美至極，妙不可言』，或有幽然者背後美稱之為『妙善先生』」。當時新文學在黃梅近乎荒地，是廢名培養許多學生的新文學的興趣。廢名從事教育還不拘於

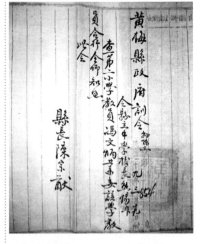

黃梅縣長陳宗猷調令，此令調任廢名為黃梅縣中教員。

地，「馮師經常把野外當作教學的大課堂，帶領學生們就樹蔭下席地圍坐講授，不拘形式，使教育生活化、趣味化，超凡脫俗。他說自然萬物皆學問，青山綠水隨處即文章，學生們陶醉於大自然的懷抱裏，真是如沐春風、如浴瀚海。」（梅武揚：〈永遠敬愛的馮文炳老師〉，現居臺灣高雄）五祖寺時期，正是抗日戰爭深入進行之時，不少學生如蔡瓊、梅白（後為作家）、楊鼎等參加革命，廢名還親身聽到楊鼎烈士（六班學生）的噩耗，廢名教育大家說：「我們不能以『邦無道則隱』的逃避現實的旨意來做文章，我們要面對現實生活」，廢名曾面對日寇威逼利誘拒任偽職（瞿一民：〈永不消逝的「聲音」〉，岳松秋：〈馮文炳拒任偽職〉）。廢名還以身作則，從小事作起，善意批評一些學生破壞竹林。當時環境十分艱苦，南北山之時條件最為惡劣，程道衡1946年在〈黃梅初級中學第十一班同學錄序〉中寫道：「夫南北山懸崖絕壑，人跡罕至，然諸生跋涉長途，拾級而上，未嘗有難色，可謂有志於學矣！」廢名和學生們同甘共苦，以自己的人格、文格感染了一些有志學生。許多學生另找時間慕名從其學，也希望做新文學家。廢名在縣中任教達五年之久，七、八、九三班畢業請他作「同學錄序」，他大都樂意為之，「以作別後相思之資」。廢名在黃梅當中小學教師的經歷，最令後人難忘，可惜無任何講義存留，連一些自編教也找不到了，只能供後人在神往中加以想像了。

北京大學復員以後，在俞平伯、朱光潛、湯用彤的力薦下，廢名應胡適之聘回到北京大學擔任副教授，不久升任教授。這一期間，廢名留下的講稿主要是《新詩講義》的續四章。此前，他的《新詩講義》十二章已經結集命名為《談新詩》出版。這續四章和前十二章後

合集成一書於1984年出版。這部《談新詩》成為《廢名講詩》的「主幹部分了。關於這一時期課堂上的廢名先生，有世人所熟知的〈「真人」廢名〉（湯一介）、〈難忘廢名先生〉（樂黛雲）作了生動的回憶，讀來令人忍俊不禁而又感慨萬千。

1952年全國院系調整，廢名與楊振聲等被排擠出北大，調任東北人民大學教授。楊振聲成為該校第一任中文系主任，1956年楊振聲逝世後由廢名接任。這一期間廢名留下的講義、講稿有：《古代的人民文藝──〈詩經〉講稿》、《杜詩講稿》（包括《杜詩稿續》）、《杜甫論》、《杜甫詩論（未完）》、《新民歌講稿》、《跟青年談魯迅》、《魯迅研究》、《美學講義》等八部之多。很可惜，這些重要的講稿大多未出版，只有《跟青年談魯迅》一書於1956年出版。現在這些未正式公開出版的另七部已經有四部完全收入《廢名講詩》一書，《新民歌講稿》有一章也收了進去，《魯迅研究》、《美學講義》讀者可以在即將出版的《廢名（全）集》中讀到。

關於廢名晚年治學精神和講課情況，從依稀僅存的回憶文字中可以略見一二：

> 後來，我們陸續聆聽到他的專題課「魯迅小說」、「杜詩」、「中國古典美學」。一次，班長讓我和另一位同學去他家取講義稿，再送學校印刷。進了他家，看到眼前的情景我倆怔住了：馮老師戴著墨鏡，正低頭坐在椅子上，一手在胸前托塊木板，一手在木板夾的稿紙上吃力地寫字。原來，他的視力已很微弱，必須透過那特製墨鏡中間的小孔，才能勉強看東西、寫

字。我倆站在那裏無言地注視著馮老師，心裏又感動又難過，馮老師發給我們的一摞摞講義，竟是這樣一字一字寫出來的啊！」

（鄭啟幕：〈遙遠的鐘聲——記馮文炳老師〉）

馮老師被聘為系主任，現代文學教研室唯一的教授，一開學便給我們講魯迅專題。雖然印了講義，他並不照本宣科，而是講自己的心得，開門見山就分析魯迅代表作品《阿Q正傳》。論點新穎、頗富魅力。如說未莊不是農村，阿Q這個典型也不只是農民，當時引起了一陣爭論。但是，馮老師依舊堅持自己的論點，並且從作品形象分析入手，條分縷析，周密論證。他說，學術研究，貴在有獨到見解，切忌人云亦云。大學裏要發揚學術民主，可以各抒己見。這不多的幾句話語，馮老師說得很中肯，給我留下了極為深刻的印象。也許這是他幾十年來治學生涯的心得吧，也許是他帶來的最高學府近百年來形成的民主校風吧。

（蕭善因：〈廢名：治學貴有創見〉）

由於晚年的廢名著作很少出版，而後人又少有提及，因此《廢名講詩》的出版具有重大學術意義。它首次全面整理並出版廢名的晚年講稿，讓世人有了瞭解廢名晚年著作的一個視窗；首次將廢名的新詩詩論與舊詩詩論合訂一冊，讓世人能夠全面瞭解並能比較的瞭解不同時期廢名的詩學思想；另外，廢名對杜甫的研究在當時雖然受

到一些關注，但年深日久，且因著述未得整理而漸被遺忘，此次《廢名講詩》出版，為學界補充了全新的材料和資訊。《廢名講詩》裝幀精美，收入大量廢名的照片、書影、手跡，大多是首次披露的，希望《廢名講詩》的出版，能讓讀者瞭解講堂上的廢名先生，並能推動學界對晚年廢名的關注。

作於2007年10月

原載《出版人》2007年第十一期

適之先生座右：日昨趨校車謁，未得晤言為悵。有一面件係太倉守來者，閣置日久，兹託今甫兄轉呈，計逾清覽矣。去歲曾以周知堂事等美圖一畫，未蒙賜示，不識曾寄到否？前偶與今甫談及北大似可邀廢名作教馮於事。廢之年以母喪迴里，後迴兵鄉間，教學為活，去歲始遷回黃梅城內。於舊京前蹟頗致懷想，竊維廢名時行獨往，其姿其學力妙句，當為先生所深察。近閱其於是寓之中完成其生平最得意之阿賴耶識論（仿有梅本平尚未得讀閱與其同）。是又哲二系均可任課或教授不易，位置搖須專任，否則其生計將無法支持也。能否延攬，丞候尊裁。是何決定，眄盼示知一二。敬請教安。

平伯敬啟　七月卅日

1946年7月31日，俞平伯致胡適信手跡，該信推薦廢名復任北京大學教員。

160

談《廢名講詩》的選編

　　九十年代後期以來，廢名研究漸趨熱門，許許多多學院派學者以及民間讀書人都參與了進去，從不同的角度對廢名其人其文進行了全面評析，深度與廣度均較以前有了大的改觀。最為突出的兩點是：一、廢名完全確立了現代詩化小說創始人的地位，對廢名小說的價值、影響做了公允的評價；二、作為詩人和詩論家的廢名有了被重估的可能，例如有人說詩人廢名是「李商隱以後，現代能找到的第一個朦朧派」，又有人說廢名詩論成為一些當代詩人「危機時刻的詩歌選擇」。在這一大的趨勢影響下，廢名的散文及佛學著作都開始受到重視，甚至有人花十年時間編纂《廢名（全）集》。

　　就一般而言，對廢名作品的研究，學界進行的順序大致是：由小說而詩歌再散文，之後佛學再及晚年講稿。廢名小說研究已經爛熟，目前正受關注的則是作為詩人和詩論家的廢名。武漢大學陳建軍先生今年推出的

《廢名詩集》、《廢名講詩》成為研究廢名詩歌及詩論的最新最全藍本，筆者深信，在此二書及即將推出的《廢名（全）集》出版之後，學界將持續一段較為長久的「廢名熱」。

這本新出的《廢名講詩》，主要分作兩大部分，一是廢名講新詩，二是廢名講舊詩。廢名講新詩主要是新詩講義《談新詩》一書，及其他一些有關新詩的散篇（另收有《新民歌講稿》之一章），這些以前均已面世。廢名講舊詩主要包括《古代的人民文藝——〈詩經〉講稿》、《杜詩講稿》（包括《杜詩稿續》）、《杜甫論》、《杜甫詩論（未完）》及一些有關古詩詞的散篇，以上著作中，《古代的人民文藝——〈詩經〉講稿》、《杜詩稿續》、《杜甫論》、《杜甫詩論（未完）》均系首次問世，編訂者依據手稿或鉛印稿校點整理。

《廢名講詩》的出版具有重大學術意義，大略如下：

一、 首次全面整理並出版廢名的晚年講稿，讓世人有了瞭解廢名晚年著作的一個視窗。那麼，在此書出版以後，廢名晚年的其他講稿，如《新民歌講稿》、《魯迅研究》、《美學講義》等著作的問世也將會有更強有力的呼籲。

二、 首次將廢名的新詩詩論與舊詩詩論合訂一冊，讓世人能夠全面瞭解並能比較的瞭解不同時期廢名的詩學思想。

三、 廢名對杜甫的研究在當時雖然受到一些關注，但年深日久，且因著述未得整理而漸被遺忘，此次《廢名講詩》出版，為學界補充了全新的材料和資訊。

另外，依筆者之拙見，《廢名講詩》也存在幾個小小的問題，大致如下：

一、在總的編排體例上，不宜將
散篇置於《談新詩》或《古
代的人民文藝——〈詩經〉
講稿》等之後，而應按照時
間先後，將講新詩和講舊詩
部分的散篇放在前面。

二、《杜詩講稿》主要包括廢名生
前已經在《東北人民大學人文
科學學報》上發表的《杜詩講
稿》和未曾公開的《杜詩稿
續》，而《廢名講詩》將兩
者合併在《杜詩講稿》中，
未在目錄上予以標示。

三、《廢名講舊詩》部分的散篇
中有幾篇也是關於杜甫的，
不宜將它和其他談古詩詞
的併在一起，宜將其附於
《杜詩講稿》（包括《杜詩稿
續》）、《杜甫論》、《杜甫
詩論（未完）》之後。

四、《廢名講新詩》中的〈詩及
信（二）〉一文的標題其實
作〈詩及信〉即可。〈詩及

《廢名講詩》，陳建軍、馮思純編訂，
2007年華中師範大學出版社出版。

信（一）〉是鶴西致廢名信，〈詩及信（二）〉是廢名致鶴西、卞之琳，因當時同發於一刊，編者做了處理而已，今天只編廢名的著作，無需沿及當年的標題，否則不知情的讀者會疑惑〈詩及信（一）〉在哪裡呢！止庵先生編《廢名文集》時即直接將標題處理為〈詩及信〉。

五、 廢名關於新詩的研究文字最早見及於1933年或1934年2月1日廢名致胡適的一封長信中（見筆者〈新發現的一封廢名佚信〉，原載《博覽群書》2007年第二期），此信前半部分專講廢名的新詩觀，後半部分涉及溫庭筠的詞、莎士比亞的戲劇、陶淵明的詩，可謂新舊詩之談合璧於一文。這封信具有極高的研究價值，最早且較全面地申述了廢名的詩學觀，與其後廢名在《新詩問答》、《談新詩》中的觀點是一以貫之的。可惜，《廢名講詩》未將此信收入，而只收入價值並不高的廢名致鶴西、卞之琳的信而已。

六、 廢名晚年有〈談談新詩〉一文，發表於1958年1月26日的《吉林日報》，在此文中，廢名坦白地説：「我的詩我後來都毀了，我憑我的良心認為它毫無價值。」將以前的新詩價值全盤否定，這不得不值得讀者關注，而這也應是廢名新詩觀的一大變化，雖然是時代原因，而非作者學養的原因。可惜，《廢名講詩》也未將此文收入。

七、 《新民歌講稿》是廢名晚年唯一一部關注白話詩歌的著作，此時廢名將新詩全盤否定，而樂於講新民歌，可謂一大時代特色，要想研究廢名晚年的「變與不變」，不能不關注《新

民歌講稿》。可惜，《廢名講詩》只收入《新民歌講稿》中業已發表的〈談詩的形式問題〉一章（且以散篇形式併入其他散篇的做法也是不當的）。而此書的代序〈廢名講詩──《杜詩講稿》和《新民歌講稿》〉是將廢名晚年最有影響的《杜詩講稿》與《新民歌講稿》並在一起考察的，可見《新民歌講稿》不能被忽視，而作者鶴西先生自稱受廢名「最深遠」的影響，且是廢名當年的摯友之一，他的觀點不能不重視。

八、筆者一向關注的廢名詩論的傳人朱英誕在廢名南下之後，在偽北大繼續開講現代新詩，現存有《現代詩講稿》，四十年代末廢名重返北大還特地讚許了朱英誕這一業績。據筆者所知，《現代詩講稿》也即將出版問世，其中大概收錄有廢名在課堂上的一些筆記，至少會有許多觀點是直接引用廢名的觀點的。當然，這也是《廢名講詩》無法攬入的。如果，朱英誕的《現代詩講稿》能提前出版，涉及廢名詩歌及詩論部分，筆者認為可以作為附錄收入《廢名講詩》。

　　瑕不掩瑜，《廢名講詩》裝禎精美，收入大量廢名的照片、書影、手跡，大多是首次披露的，是近年來不可多得的編訂精細的上等學術著作！

　　　　　　　　　　　　　　　　　　作於2007年10月

　　　　　　　　　　　　　　　　原載《中華讀書報》2008年3月5日

喬沈二位先生詩集最近由詩人朱英誕編校完畢，已交與新民印書館承印，不日即可出版。喬先生的詩集是第一輯，短獨名字時做「飛塵」，沈先生的詩集是第二輯，單獨名時做「露」，兩人的合集題總名之曰「水邊」，開翻搜印糊方圈俱甚刻意云。

《文學集刊》1943年9月第一輯中《水邊》廣告詞。《水邊》係廢名、沈啟无詩合集，朱英誕編校並作序，1944年4月出版時序言不曾收入。

廢名是怎麼變回馮文炳的？

嘗讀止庵先生〈魯迅與廢名〉一文（原載《博覽群書》2001年第十一期，後收入《向隅編》一書），深感佩服，唯讀至文末一句：「廢名晚年思想大變，所著《跟青年談魯迅》一書，極少個人見解。」我乃戚戚於心也。晚年廢名的「變與不變」，我不曾如此下斷言，甚至對其有所理解以至於部分贊同哩！

我曾在〈廢名在黃梅〉（原載《新文學史料》2005年第三期，署名梅杰）一文中說：「廢名在黃梅是在跑反（俚語，日寇掃蕩前離家躲避的意思）、避難中，深入民間，瞭解民情，體察國情，在思想上進行自我教育，由自由主義知識份子轉向人民立場的一個重要轉捩點。廢名這一時期的鄉居生活，是廢名以後接受中國共產黨領導的準備階段……其後，廢名相信了共產黨，成為為人民服務的學者。沒有九年黃梅鄉居生活，前後廢名是接不起來的——又是家鄉影響了廢名以後的人生道路。」

廢名《跟青年談魯迅》，1957年
中國青年出版社出版。

可是，與止庵先生有相同看法的
愛好者、研究者不在少數。何以致此
呢？我認為有兩個原因：一是廢名晚年
作品不曾集中整理出版；二是抗戰時期
的廢名研究不夠。因此，在收錄有廢名
晚年主要作品的《廢名講詩》一書出版
以後，我曾請止庵先生關注，得到的答
覆是：「曾閱其講詩經一稿，確有精闢
之見，但時髦話多有，甚覺遺憾。」其
後，止庵先生又在〈也談《廢名講詩》
的選編〉（原載《中華讀書報》2008年3
月19日第十版）一文之末尾，繼續表示
對晚年廢名的不甚認同，並將這個問題
拔高到「中國不止一代知識份子曾經自
覺『改造思想』，以至普遍喪失思考和
判斷能力，卻是我們遲早需要加以認真
反思的」。

對此，我是不能完全接受和認同
的。現代知識份子在解放後的「思想改
造」是有多種類型的，有的是原本即接
受馬列主義的，有些是經過一番改造
的，對於廢名而言，則可謂接近自覺接
受，因為廢名在抗戰期間已對新四軍、

共產黨有所瞭解和認同。在1949年前後，廢名已經對毛澤東的新民主主義論讚不絕口了，並聲稱其所著《阿賴耶識論》正合馬克思主義之真諦。

現在，張吉兵先生的《抗戰時期廢名論》一書出版了，我又想起這個「戚戚於心」的話題。這個話題，不僅事關廢名，恐怕對於整個知識份子研究都是有價值的──如何看待現代知識份子的思想改造及轉變，決不是憑個人感受可以論定的。

在《抗戰時期廢名論》一書中，張吉兵先生細緻探討、分析、認證了廢名的德性主體，勾畫出廢名的心路歷程，並從家族生活、社會（教育）生活兩大部分講述廢名的德性實踐，還對廢名的家族及黃梅地方文化教育進行背景式的描繪。後三輯則是研究長篇小說《莫須有先生坐飛機以後》及抗戰期間廢名生活與創作繫年。在這一整個德性實踐中，「廢名」又成功地轉變為五、六十年代的「馮文炳」了。如果說，由「馮文炳」到三十年代的「廢名」是一次個人與藝術的蛻變的話，那麼由三十年代的「廢名」到五、六十年代的「馮文炳」則不僅僅是一次簡單回歸了，而更是一種超越。讀完《抗戰時期廢名論》一書，我彷彿也明白了廢名是怎麼變回馮文炳的。

此書最令我欣賞的地方是，拈出「德性主體」和「家族主義」做足文章。徘徊於個人主義與家族主義之間的廢名，經歷了多次碰壁之後，毅然走上家族主義之路了，並由此開始全面反思「現代知識份子」、「新文化運動」、「中國傳統文化」等一系列重大問題，最終完成了一次德性主體的成功實踐。這期間，廢名否定進化論、反思西方民主自由思想、質疑階級鬥爭學說，都有其重要的個人意義，深深

《抗戰時期廢名論》，張吉兵著，
2008年華中師範大學出版社出版。

體現了一個獨立知識份子時時不忘反思的精神，這在晚年廢名的著作中依然有所體現，只是貼上時代話語的標籤而已。瞭解了抗戰時期的廢名，簡直是踏上通往建國後的廢名的一座橋了，只有抱著發展變化的眼光，以歷史唯物主義的態度看待廢名的變與不變，才能真正揭開廢名等一批知識份子的思想改造之謎。至於，廢名在思想改造中，是否有「矯枉過正」、「跟風趨時」等嫌疑，則又是另一話題了，此處不多言。

《抗戰時期廢名論》一書的出版，填補了抗戰期間廢名研究的空白，同時對於鄂東地方文化教育的研究也大有貢獻。此外，廢名作為一個現代知識份子，其前後的轉變也具有一定的個案研究價值，倘若回顧中國現代知識份子思想的改造歷程，廢名也可以作為一個特殊個案進行考察，而此書不正是為這個工作做了一番準備？

當然，此書之缺憾仍有兩處：一是沒有將抗戰時期廢名的著作《阿賴耶識論》進行研究；二是沒有將抗戰時期的

廢名對解放後的廢名產生的影響設專題進行細緻分析,雖然作者已經點明自己的基本觀點:「十年避難時期廢名人格特徵的認證,是揭示後期廢名思想狀況的一把鑰匙……廢名晚年可以說在儒家文化中安身立命,其思想中人民性和現實性的色彩極其明顯,他自覺而自然地將個體與國家民族的命運聯繫在一起。中華人民共和國成立,絕大多數從舊中國走過來的知識份子思想上都發生了一次斷裂式的突變,而廢名則是主動提升自己,努力達到與代表新中國建國理論的毛澤東思想相認同、契合。」

作於2008年5月

原載《中華讀書報》2008年7月16日

勢而必至，理有固然　　直入

有特為表一些像影自情的在在此此文章的廢名先生，

這回在網世上宣傳他的文字散了：文字不是宣傳

這是我們之住聽得耳膜起繭了的議論誰用文字這，文字

不是宣傳的，也說是宣傳——這些是我們之住聽得耳膜起繭

了的議論。

寫之章目以為少了社會毫無新密正如稱，廢名之宗自以為真劑

廢之名主一樣，廢名，這是名要手社會毫氣影密必須連住所

文字已是之要其的廢名，必須連廢名這筆名也不影

做如文字真如毫氣件廢力，那文人無是廢為一格事生裝一停。

魯迅〈勢所必至，理有固然〉手跡，該文重重批評了廢名的文學觀。

172

談《新詩講稿》的體例

近讀《新詩講稿》，有喜有憂。喜的是，感謝編者陳均先生做了一件大好事，憂的是，對於此書頗有幾句話想說，依然是從書名、署名、體例等說起。這裏所說的「憂」是個人之憂，是就個人感受來說的，亦即私見引起的私人感受。

在整理此書之時，陳均先生也多次表達個人的苦惱，甚至連書名、署名等問題都覺頗費腦筋，筆者也表達了自己的個人觀點，現略作申明。

關於書名，我認為應是《新詩講義》，而非《新詩講稿》，更非《現代詩講稿》。廢名關於新詩的講義黃雨改題為《談新詩》出版，馮健男等均依從之，沿誤至今，後據講義的一些章節發表的原出處《華北文學》中編者按中言：「《新詩講義》曾由藝文社印行，易名《談新詩》，抗戰時在華北出版，當時銷路極佳，人手一編，知者謂為先生不可多得的佳作。」方知此書原始名應為《新詩講義》。至

《新詩講稿》，廢名、朱英誕合著，陳均編訂，2008年北京大學出版社出版。

於朱英誕家人稱朱英誕所編兩人講義名為《現代詩講稿》，似無根據。而陳均先生此次編訂出版又易名為《新詩講稿》，似更有一亂再亂之嫌。

至於署名，竊以為應依從古人傳統，署為「廢名著、朱英誕增補」或「廢名、朱英誕合著」。《新詩講義》原由廢名來寫十二章，沒有寫完，1937年前的新詩史尚未真正總結完畢，後由傳人朱英誕來承續。對於朱英誕的這個繼承工作，廢名評價很高。在1948年的冬天，廢名再次見到朱英誕時不禁發出讚歎聲：「人們應該感謝你！」

據朱英誕的〈新詩與新詩人後序〉云：「這本新詩詩選選編完了，前半部十二詩人的詩原係廢名先生所選，今少加以增減；講義亦只最後兩章改編了一下。後半部的附錄文是順手而非順序寫的……」（省略部分係朱英誕增補講義部分的目錄）。這似乎說明，《新詩講義》只是「中國現代詩二十年（1917～1937）選集」的附錄部分，因為他們

原本是選詩，至於講詩乃是教學的工作。再說他們師徒兩人本來就是將新詩與詩論進行配套地選編、講解的，一為實踐，二為理論，方稱完備。由此，我們可以看出朱英誕不僅僅是《新詩講義》的增補者，他是有意地以廢名詩學傳人的身份來承續廢名未完的工作，並將詩選的工作也全部做完，成為一部詩選與詩論緊密銜合、互相印證的完美的詩學著作。因此，朱英誕是《新詩講義》的繼承者、整理者、完善者，作為「廢名先生及其一派」（或曰「廢名圈」）的重要成員，同時也作為廢名詩學的最重要傳人，朱英誕的這一版本的《新詩講義》極具史料價值、版本價值。可惜，在這本《新詩講稿》裏沒有發現編者的版本意識，導致此書的版本價值大打折扣。

　　竊以為，《新詩講稿》應以朱英誕整理、增補的《新詩講義》為底本，該底本成書於1941年，且朱英誕在編完詩選、寫完講義之後的1941年5月15日寫了「後序」。編者不應視而不見，而再將朱本打散，再添加廢名1946年的四章，形成現在的體例，讓讀者很難看出廢名的講義與朱英誕的講義的連貫性，像是簡單地拼湊在一起一樣，加入廢名的1946年四章講義更讓人一頭霧水。因為朱英誕是做增補工作，形成一本完整的新詩史著作，這正是他的價值所在，今日編者應將此點意義表現出來，方可凸顯朱本《新詩講義》的版本價值。此外，朱本《新詩講義》還將廢名原先的十二章講義的順序打亂，將〈新詩問答〉及兩章理論置前，並將原第二章〈一顆星兒〉併入〈嘗試集〉一章，也體現朱英誕的體例意識，他在編訂、增補《新詩講義》時，廢名尚在黃梅避難，未寫出後四章講義，何況後四章中的《十四行集》不屬於1937年以前的新詩史範疇，因此編者陳均先生重

新打亂《新詩講義》原本體例，另立框架，違背了朱英誕的初衷。至於廢名在1946年補寫的四章或不收錄或用作附錄即可。

　　然而，不管怎麼說，雖然版本價值打了折扣，但《新詩講稿》也保證了史料性的豐富。《新詩講稿》一書的出版，使得一部關於1917～1937年的新詩史完整呈現，而且他們的作者都是「過來人」，大有新詩人寫自己的新詩史的味道。況且，該書有一半的內容為朱英誕所著，以前從未公開印行。廢名所未講到的新月派，朱英誕花了四章去講解（如算上〈沈從文的詩〉一章實為五章），其中徐志摩、朱湘、聞一多是單獨立了章節。另外，對於廢名的十二章，朱英誕大多在每章之後加了篇幅不少的「附記」，也極具史料價值。當然，對他們師徒二人此部新詩史如何評價，也只能仁者見仁、智者見智了，其所具有的獨到見解與其所具有的局限是連為一體的。

作於2008年6月

原載《出版廣角》2008年第十期

廢名圖書熱管窺

新時期以後，繼周作人熱、張愛玲熱、沈從文熱之後，出版界、學術界、讀書界又湧起一股廢名（馮文炳）熱。這股熱潮，說大不大，說小不小，而且方興未艾，有漸進高潮之勢。若從圖書出版的角度來看，這個出版熱具有一定的代表性，它反映了一個作家被重新關注的過程、作品被發掘的歷史以及作家作品的研究動態。這一點，可以說在當今出版界有著典型的代表意義，同時廢名的重新挖掘相對許多現代作家、民國文人而言，速度較快，以至廢名研究迅速成為當今學術界的前沿課題之一。對於現今的「國學熱」、「民國熱」而言，考察「廢名熱」無疑具有許多借鑒意義。

小說家廢名的重新發掘

自人民文學出版社1985年出版《馮文炳選集》以來，廢名又開始以小說示人。不久，1988年四川文藝出版社又推出《廢名選集》

《馮文炳選集》，馮健男編，八十年代以後第一本廢名作品選集。

（上下兩卷），至此，廢名的小說雖尚未全部發掘出來，但已經引起許多讀者和研究者的青睞。很快就出現兩種小書：《廢名田園小說》（1992年，上海文藝出版社）、《桃園：廢名田園小說選》（1995年，新疆大學出版社），後一種還被列入「現代文學名著中小學選讀本」叢書。這時，人們對廢名的定位還是「鄉土小說家」、「田園小說家」。這時，能體現廢名漸熱的一個表現是，開始有盜版的廢名著作出現。一個假稱「今日中國出版社」仿照《桃園：廢名田園小說選》推出了《桃園：廢名田園小說選集》，封面也差不多，只是將叢書名字改成「中國二十世紀文學名著文庫」，書名也僅一字之差！

這家盜版出版社是聰明的，再過幾年，廢名的小說真正是紅遍出版界了。1997～1998年，有六種廢名小說問世：《紡紙記》，倪偉編，珠海出版社1997年；《廢名短篇小說集》，馮思純編，湖南文藝出版社1997年；《廢名小說》，艾以等編，安徽文藝出

版社1997年；《廢名代表作》，劉晴編，華夏出版社，1998年；《廢名集》，程光煒等編，瀋陽出版社1998年；《竹林的故事》，中國文聯出版社1998年出版。這時，真正是全國各地都在出版廢名的著作，此時，對廢名小說的研究已經進入白熱化爛熟狀態，直至格非研究小說家廢名才添加了一些新東西。最終完成廢名小說挖掘進程的是廣西師範大學出版社於2003年推出「廢名小說全編」，此書分兩種，一是《竹林的故事》，二是《莫須有先生傳》。

散文家廢名的重新發掘

對散文家廢名的挖掘要晚於對小說家廢名的挖掘。先是廢名的侄子馮健男於1990年推出《廢名散文選集》，不久又再版一次。對於散文家的廢名，真正使其受到讀者重視，並讓文學史家予以重視的，止庵功不可沒。止庵以全新的視角來審視廢名的散文，並給以相當高的評價，並且毫不諱言地稱自己最喜愛廢名的散文，同時加以模仿。這時，廢名的散文才真正受到讀書界的重視。止庵說的真正得知堂真傳的惟廢名一人幾已成定評。止庵於2000年推出《廢名文集》，即廢名的散文集，此一冊小書的身價已經飆升至五十元以上，亦可見世人對廢名散文的偏愛了。

詩人、詩論家廢名的重新發掘

新時期以後，廢名的作品最早問世的是《談新詩》，可惜，關於詩人、詩論家廢名的研究卻相當地遲，尤其是對廢名詩集、詩論作品的整理出版相當地晚。雖然如此，早在十多年前，學界對廢名的詩歌

藝術的評價是相當高的，對其詩論也是稱引不衰。在發掘散文家廢名之後，最近幾年來，對於詩人、詩論家的廢名關注度是最高的。

一個引子是2006年的時候，遼寧教育出版社推出《新詩十二講：廢名的老北大講義》，將廢名的詩論又重新出版一次，此書以1998年《論新詩及其他》為底本。此時，渴望讀到《廢名詩集》、「廢名詩論集」的呼聲已經非常地高。武漢大學的陳建軍先生在此做了非常大的貢獻，經過多年的編輯整理，終於在2007年的同一年推出《廢名詩集》、《廢名講詩》，前者係廢名詩全集，後者係最全的廢名詩論集。此二書已經成為研究詩人、詩論家廢名的最權威最完整的藍本。

「廢名熱」能持續多久？

自八十年代至今，尤其是1997年至今的十年，關於廢名的著作已經非常地多，光是1997年至今的十年多達近三十種，而光是2003年到現在的五年，出版或研究廢名的著作已達十五種，平均每年三種。在整個過程中，馮健男、止庵、格非、陳建軍等做出了最卓越的貢獻。他們分別完成了小說家廢名、散文家廢名、詩人詩論家廢名的發掘過程。經過出版界、學術界、讀書界的推崇之後，廢名的作品已經普及到了中小學課本、試卷當中去了。那麼，廢名熱還會持續多久？它會有終結的時候嗎？

筆者認為，現在對於《廢名全集》出版的呼聲是最高的，待這本出版之後，「廢名熱」將達到它的高潮，此後廢名研究專著以及較為通俗的傳記類圖書將會在市場出現，也就是說，「廢名熱」還不會消

退並將持續更長的一段時間。其他支撐廢名熱的「燃料」還有：《廢名書信集》、《廢名圖傳》、廢名作品賞析、晚年廢名等等。

作於2008年7月

原載《長沙晚報》2008年8月15日

廢名與妻子岳瑞仁合墓，建於1994年，立碑於廢名祖籍地黃梅苦竹後
山鋪，旁為廢名父母之墓。

1901 年　一歲

11月9日（農曆辛丑年九月二十九日卯時），生於湖北省黃梅縣城東門一個小康之家。原名勳北，字焱明，學名馮文炳，乳名焱兒。祖籍地在黃梅縣苦竹鄉後山鋪附近的馮家大墩（廢名與其父母之墓所在地）。祖父馮汝順是個篾匠，兩個叔父都經商，一個開南貨店，一個開布店。父親馮楚池（1869～1943）是個讀書人，曾任黃梅縣勸學所勸學員。母親岳氏（1869～1937）係岳飛苗裔，生於黃梅縣城小南門外兩里的岳家灣，後皈依佛門，法名還春，修持甚謹。兄馮文清（1895～1972），又名力生，教育家，歷任湖北省立第四完全小學校長、武昌藝專校長、黃梅縣中校長、黃岡師專教師。弟馮文玉，於1935年在漢口第一小學任上病逝。

黃梅古稱尋陽（一作潯陽），為古九江所在地，北枕大別山餘脈，南飲長江，自古以

來為兵家必爭之地。黃梅還是文化、宗教之鄉，聞名於世的中國禪宗、黃梅挑花、黃梅戲等均誕生於此，有「小天竺」、「文化之鄉」等美譽。

1906 年　六歲

進縣城大南門都天廟（今為黃梅縣幼稚園）發蒙。廢名曾自述：「我的兒童世界在故鄉。而當時竟是『自有仙才自不知』，從師讀《三字經》，烏煙瘴氣，把一顆種子被蓋住了。」不久患淋巴腺結核，輟學。

1908 年　八歲

遷家至小南門街（篾匠街）。病癒，復入都天廟私塾讀書。新家離私塾不過百步之遙。

廢名在〈散文〉中自述：「小時，自然與人事，對於我影響最深的，一是外家，一是這位嬸母家。」一次外祖母、母親帶他到禪宗五祖寺進香，也留下深刻印象。

1911 年　十一歲

10月10日，辛亥革命爆發。廢名在〈作戰〉中自述：「記得辛亥那年，我是十歲，我的哥哥告訴我黃興在武昌做大元帥，並且稱述他是怎樣的一個英雄，我聽了真是摩拳擦掌，立志要做這麼一個英雄。」

1912 年　十二歲

小妹阿蓮生，1919年病亡。短篇小說〈阿妹〉即以其為原型而作。

1913 年　十三歲

父親本要他當學徒，以後經商，他不聽從，父親無奈只得將其送入黃梅縣八角亭高等小學堂。

八角亭是黃梅著名的古典建築，距今有兩百多年歷史。清乾隆五年竣工，黃梅大林書院（後改名調梅書院）遷此辦學。直至清末一百多年來一直是黃梅崇文講學、教育生員的場所。1904年維新之風波及黃梅，乃改為八角亭高等小學堂，成為近百年黃梅近現代文化的搖籃。在當時，八角亭高小有黃梅最高學府之稱。

洪毅、吳仕傑在〈八角亭學堂1920年前後辦學情況的回憶〉、〈八角亭拾遺〉中曾對該校學習環境、教學管理等有過詳盡記錄：「學校的環境很優美，流經縣城旁邊的一條大河，至南門一分為二，終年沁水洋洋，八角亭卻拔河而立，三面環水」，「課程內容都用商務印書館統一小學教材，老師照本宣科，學生無課本，也無課外讀物」，「學校紀律嚴明，如有違紀，給予適當處理並通告全校」，「當時武訓是教育學生常用的手段，對於這樣不恰當的手段，學生有過幾次罷課的反抗」。可以看出廢名當時在校三年有過極其嚴格的學習經歷。在這樣嚴格甚至殘酷的學習環境下，該校培養出不少著名人物。與廢名相隔年數較小後成名者有著名鴛鴦蝴蝶派文學家喻血輪、

報人喻的癡（喻血輪兄長）、國民黨中央常委吳醒亞、民革創始人之一梅龔彬等。

1916 年　十六歲

自八角亭高小畢業，考入湖北省立第一師範學校。

湖北第一師範學校成立於1912年，其前身為1904年張之洞設立的兩湖師範學堂，兩湖師範學堂的前身為張之洞1890年創建的兩湖學院，此為全國最早的新式學院，而兩湖師範學堂則被稱為「兩湖總師範學堂」、「千師範學堂」，為清末新政維新之風興起之後全國規模最大、教育方式最先進的學堂。包惠僧、唐義精（粹庵）、胡風、馮力生、徐復觀均畢業於該校。

湖北省立一師政治氣氛比較濃厚，不少名師在校任教，校長劉鳳章就是一位教授王陽明心學的名儒，他還延請蔡元培等名士來校演講。

1917 年　十七歲

章黃學派嫡系傳人劉賾（博平）自北大畢業來校任國文教師，課堂上他用鄙夷的語氣告訴學生北京有個胡適在倡導新文學，還寫出「兩隻黃蝴蝶，雙雙飛上天」這樣不成體統的「詩」。劉博平推崇舊文學，在黑板上寫晏幾道的「夢回樓臺高鎖」，再寫元人小令「枯藤老樹昏鴉」，稱讚這都怎麼好。廢名覺得這件事很好玩，與老師意見不同的是，他倒覺得胡適的「詩」並不壞，其人其詩都讓自己耳目一新。從此，廢名知道了新文學白話文藝，覺得很新鮮，決定把畢生精力放在新文學事業上。

1919 年　十九歲

五四運動爆發。受到新文化運動的影響，經常閱讀《新青年》等刊物，接觸民主與科學思想，關心當時的革命和文學運動。

1921 年　二十一歲

2月，以甲等全班第四的優秀成績自湖北省立一師畢業，來到武昌模範小學堂（今武昌閱馬場小學）教書，哥哥馮力生擔任學校校長。

11月10日，周作人「（得）武昌馮君稿一本」，這是兩人交往的最早文字記載。本年兩人多次通信，廢名將自己的作品寄給周作人修改、指教。

本年，與二舅之女岳瑞仁（1900～1978）結婚。

1922 年　二十二歲

5月，致信周作人，內云：「我愛文學，愛先生，也愛魯迅先生。前天遇著一個從北京回來的朋友，他說魯迅先生是先生的兄弟。我的理性告訴我，這不必另加歡喜，因為文壇上貢獻的總量，不因是兄弟加多；先生們相愛的程度，不因不是兄弟減少。然而我的感情，並不這樣巧於推論，朋友的話沒說完，我的歡喜的叫聲已經出來了。」

9月，考進北京大學預科，住在北京大學沙灘附近的北大西齋。當年同時考進的有石民、梁遇春、張友松等，後均為文藝界知名人士，與廢名都是極好的朋友。

據廢名的同學許君遠回憶：「（當年）國文試題作文是〈五四運動的意義〉，另附一段《水經注》原文，加上新式標點，並注解幾個詞句……」

10月1日，作短篇小說〈長日〉，載《努力週報》10月29日第二十六期，署名馮文炳。後收入上海小說研究社1923年3月出版的《小說年鑑》第二卷。這是迄今為止找到的廢名最早發表的小說。

10月8日，發表詩〈冬夜〉、〈小孩〉，載《努力週報》第二十三期，署名馮文炳。這是迄今為止找到的廢名最早發表的作品。

1923年　二十三歲

1月10日，發表短篇小說〈一封信〉，載《小說月報》第十四卷第一號，署名蘊是。這篇小說作於1922年9月22日，帶有自傳色彩，細緻地敘述了自己離開家鄉到北京求學的經歷，是迄今為止發現的廢名最早創作的作品。

4月22日，作短篇小說〈柚子〉，連載於《努力週報》第五十九、六十期。

5月15日，發表詩〈洋車夫的兒子〉、〈磨面的兒子〉、〈雜詩〉（共兩首），載《詩》月刊第二卷第二期。

8月29日，作短篇小說〈浣衣母〉，載《努力週報》10月7日第七十三期。

9月7日，第一次赴八道灣拜訪周作人，時魯迅已於8月遷居磚塔胡同61號。

9月12日，作雜感〈現代日本小說集〉，載9月15日《晨報副鐫》。

9月17日，作散文〈寄友人J.T.〉，載《淺草》季刊12月第一卷第三期。

9月25日，發表詩〈夏晚〉，載《文藝旬刊》第九期。

12月10日，作短篇小說〈初戀〉，載《現代評論》週刊1925年4月3日第一卷第十七期。

12月28日，作短篇小說〈火神廟的和尚〉，載《語絲》週刊1925年3月16日第十八期，目錄署名文炳，正文署名馮文炳。

本年暑期參加「淺草社」在中央公園的茶話會，結識楊晦、馮至、陳翔鶴、陳煒謨等。

1924 年　二十四歲

1月7日，致信胡適，其中云：「今天瞥到《努力月刊》出版的預告，真不知是怎樣的歡喜。」

4月9日，作雜感〈《吶喊》〉，載4月13日《晨報副鐫》。

5月，廢名的哥哥馮力生與蔣蘭圃、唐義精等人創辦「武昌美專」（後改為武昌藝專）滿一周年，打算出一本題名「一周年的武美」的紀念冊，囑廢名轉請周作人做篇序文或題幾個字，廢名非常熱情地為此事專門致信周作人：「我有幾個朋友在武昌創辦一個美術學校，今年六月間，整整一周年。他們昨天來信，擬出一本紀念冊，題名『一周年的武美』，囑我轉請先生做篇序文或題幾個字。我想，沒有看見原物而來做序，豈不近於應酬？然而這幾個朋友，很誠懇，頗有直立不撓的精神，在我的故鄉，殊不多見；想拿著敬愛者的手跡，以誇詡於大眾，似乎也不是不合理的心理。倘先生藉這機會，

做點藝術重要的介紹，俾得『化行南國』，那我不但為我的朋友道謝了。」

下半年，由北京大學預科升入北京大學英國文學系。

10月，作短篇小説〈竹林的故事〉，載《語絲》週刊1925年2月16日第十四期。

11月4日，致信周作人，內云：「我現在借得了一筆款子，足夠印行《黃昏》之用。恭請先生替我做序。我的心情，是得先生而養活；我的技術，大概也逃不了先生的影響，因為先生的文章（無論譯或著）我都看得熟。所以由先生引我同世人見面，覺得是很有意義的事。而且倘若有可以嘉獎的地方，也只有出自先生之口才能夠使我高興。我打算於先生做就了的那一日親自來取，同時也把《黃昏》帶回。」《黃昏》係廢名的短篇小説集，後改名《竹林的故事》由新潮社出版。

11月17日，致信周作人，內云：「我突然又變冷淡了，不想把東西印出來。年來閒靜生活，這幾天攪亂得利害，很不值。還是候新潮社的資本與人力罷，不然，就是我已經不在這世界，而它還在我的屜子裏，也不要緊。」

1925 年　二十五歲

1月17日，致信周作人，內云：「近來有一二友人説，我的文章很容易知道是我的，意思是，方面不廣。我承認，但並不想改，因為別方面的東西我也能夠寫，但寫的時候自己就沒有興趣，獨有這一類興趣非常大。波特來爾題作〈窗戶〉的那首詩，廚川百村拿來作賞鑒的解釋，我卻以為是我創作時的最好的説明了。不過在中國的讀者看

來，怕難得有我自己所得的快樂，因此有一個朋友加我一個稱號：『寡婦養孤兒。』一個母親生下來的，當然容易認識，那麼，方面不廣，似乎也就沒有法了。」

2月15日，前往西三條胡同拜訪魯迅，未遇。

3月13日，致徐炳昶信。後與徐炳昶3月14日的復信，以〈通訊〉為題，載《猛進》3月27日第四期。

4月25日，作短篇小說〈河上柳〉，載《莽原》週刊5月8日第三期。

9月17日，魯迅得廢名信。

10月，短篇小說集《竹林的故事》作為「新潮社文藝叢書之九」由北新書局出版，署名馮文炳。內收早期短篇小說十四篇，另附自譯法國詩人波特賴爾散文詩〈窗〉（選自波特賴爾的散文詩集《巴黎的憂鬱》）。

11月23日，《語絲》第五十四期登有《竹林的故事》出版廣告：「這是馮文炳先生的短篇小說集，現已出版。馮先生說：『這是我的悲哀的玩具，而他又給我不可名狀的歡喜。』現在想將這歡喜分給他的讀者。定價五角。」

12月14日，發表不少雜感，如〈從牙齒念到鬍鬚〉等，此文戲仿魯迅文章，表明他是站在魯迅一邊的。

1926 年　二十六歲

1月31日，作〈給陳通伯先生的一封信〉，載《京報副刊》1926年2月2日第四〇三號。

3月18日，「三一八」慘案爆發，遭到進步人士譴責。本月廢名發表幾篇時評、雜感，如〈狗記者〉、〈共產黨的光榮〉等，站在魯迅、周作人一邊吶喊助威。

3月30日，作〈給豈明先生的信〉，載《京報副刊》4月1日第四五五號。

4月5日，開始在《語絲》連載長篇小說〈無題〉（即單行本《橋》上卷上篇第八章〈萬壽宮〉、第九章〈鬧學〉、第十章〈芭茅〉），載《語絲》週刊第七十三期。

4月8日，致豈明（周作人）信，載《語絲》週刊4月26日第七十六期。

5月30日，拜訪魯迅，魯迅贈《往星中》一本，同日魯迅得廢名信。

6月9日，起筆名「廢名」，他在6月10日的日記中寫道：「從昨日起，我不要我那名字，起一個名字，就叫做廢名。我在這四年以內，真是蛻了不少的殼，最近一年尤其蛻得古怪，我把昨天當個紀念日子罷。」

8月8日，魯迅在致韋素園信中說：「《關於魯迅……》須送馮文炳君二本。」

1927 年　二十七歲

1月，魯迅的雜文集《墳》即將出版，在致韋素園信中開具了一份送書名單，共有八人，馮文炳也在其中，其餘七人為劉半農、馬玨、馮至、陳煒謨等。

4月23日，發表〈忘記了的日記〉，載《語絲》週刊第一二八期。

5月19日，作散文〈説夢〉，載《語絲》週刊5月28日第一三三期。

7月，北大被張作霖解散，廢名休學。

8月1日，致周作人信，內云：「昨聽説北大行將結束，則此地我實不能再留。本想還留一年的，以學校住卒業為藉口，只要郵匯通，還可以向家裏設法弄錢，就在這一年內，盡力寫完《無題》。現在去往那裏去呢？湖北，我的家鄉，我是不肯去的，在那裏雖容易找得飯吃，而是置自己於死地，不能工作，這個我能預言。思之再三，廣州中大，那般紳士似乎沒有打算去，我們或者可以相容，而且我別無『野心』，只要多有餘閒，隨便什麼職事都行，請先生斟酌情形能否因寫信江紹原等介紹一下而可成？如此路不通，前所云山西崞縣託先生找教員，現已找得否？我看了一看地圖，這個地方偏僻得可以，倘若我就去居下幾年，人不知，鬼不曉，將來回來帶幾部稿子再跑到苦雨齋，迎面一聲笑，倒真算得個『不亦快哉』。不過中學擔課怕忙得很。至於寂寞，我實在有本領不怕。此孰吉孰凶，願因先生決之。」

9月，作短篇小説〈桃園〉，載《小説月報》1928年1月10日第十九卷第一號。本月，《竹林的故事》由北新書局再版。

10月，作短篇小説〈菱蕩〉，載《北新》半月刊1928年2月16日第二卷第八期，原刊目錄署名馮文炳，正文署名廢名。

因休學無著落，於本年9月12日～11月末，寄居周作人家。

11月24日，卜居西山。廢名常在此過冬，夏天因事進城，如此長達五年之久，廢名將其住所命名為「常出屋齋」，並請沈尹默題寫。這段經歷對於創作《莫須有先生傳》影響很大。

1928年　二十八歲

2月，在周作人幫助下，住進章矛塵（川島）的屋子，並在西直門外成達中學教國文。此時開始與同鄉熊十力交往甚多。

本月，短篇小說集《桃園》，由北京古城書社印行。內收小說〈張先生與張太太〉、〈文學者〉、〈晌午〉、〈石勒的殺人〉、〈追悼會〉、〈審判〉、〈浪子的筆記〉、〈一段記載〉、〈桃園〉、〈菱蕩〉十篇。

6月，成達中學與孔德中學合併，廢名繼續留校任教，直至學期結束。同校任教的還有周作人、徐祖正、馮至、陳煒謨等。期間結識程鶴西，程也因北平農學院解散失學，暫在孔德中學擔任圖書館管理員。

7月5日，致周作人信，內中云：「前日之來苦雨齋，是別有話說，座上有人，未說出。孔德學校，下學期，可由先生介紹給我月二三十元一教職否？（多了不要，少了也不成，最要緊的是一個『現』字）我的性格不配像高爾該那樣做流氓，竊有意於老和尚『無罪而嘗謫居之月』。但我的謫居的心情似乎又是另外的一個。」

8月下旬，返北大西山卜居。

10月31日，作短篇小說〈毛兒的爸爸〉，載《北新》半月刊1929年1月第三卷第一期。本月，短篇小說集《桃園》由上海開明書店再版。

11月，北伐軍入駐北平，恢復北大。廢名的許多同學於本年畢業，廢名因故被要求延遲一年畢業，繼續在英國文學系讀書。

1929 年　二十九歲

1月6日，赴苦雨齋參加凡社聚會。

5月19日，魯迅在北平省親，廢名往魯迅母親住所拜訪魯迅。

6月1日，致惠修（楊晦）信，載《華北日報》副刊第八十二號。

7月14日，沈從文在小說〈夫婦〉的「尾記」中寫道：「自己有時常常覺得有兩種筆調寫文章，其一種，寫鄉下，則彷彿有與廢名先生相似處。由自己說來，是受了廢名先生的影響……讀我的文章略多而又喜歡廢名先生文章的人，他必能找出其相似中稍稍不同處的。」

秋，在北京大學英文系畢業。

9月23日，女兒出生，取名改男。1939年在黃梅金家寨上小學四年級時，改名為止慈。

10月10日，致周作人信，內中云：「煒謨是我輩中很懂得道理的一位，與我很談得來，他的遭遇又不大好，還能抖擻精神，大有所作為。」

12月29日，作短篇小說〈棗——旅客的話一〉。

1930 年　三十歲

2月21日，往西山卜居。

3月，長篇小說《橋》（上卷）最後一章〈桃林〉脫稿。

5月12日，廢名主編的《駱駝草》創刊，刊名由廢名所擬，刊頭由沈尹默題寫，同時擔任編輯、校對、發行工作的有馮至。發表〈《駱駝草》發刊詞〉，載《駱駝草》週刊第一期，未署名。同日，

開始在《駱駝草》連載長篇小說《莫須有先生傳》，並在該刊發表不少散文、雜感。創刊號中還有廢名一篇署名「丁武」的雜感，文中抨彈魯迅、郁達夫等領銜「中國自由運動大同盟宣言」，認為他們是為了引起當局注意，以便文士立功。

5月15日，致程侃聲信。後二人之間的通信以〈郵筒〉為題，載《駱駝草》週刊5月26日第三期。同日，作〈《橋》附記〉，載《駱駝草》週刊8月11日第十四期。

5月24日，魯迅致信川島：「《駱駝草》已見過，丁武當係丙文無疑，但那一篇短評，實在晦澀不過。以全體而論，也沒有《語絲》開始時候那麼活潑。」信中的「丙文」指「文炳」，即廢名。

8月11日，開始在《駱駝草》連載長篇小說《橋》。

10月，短篇小說集《桃園》由上海開明書店三版。

本月在《華北日報》副刊發表《過中秋》、《立齋談話》、《往日記》等文。

12月5日，欲復刊《駱駝草》，並請梁遇春擔當職務，未果。

1931 年　三十一歲

1月初，赴青島暫住，並遊濟南等地。

2月14日，致胡適長信，信中進勸胡適不該擔任北京大學文學院院長。

2月底、3月初，回北平。

3月14日，作詩〈亞當〉，載《文學季刊》1934年1月1日第一卷第一期。本月，編成詩集《天馬》，共收詩八十餘首，後散佚。

5月1日,作詩〈小河〉,載《北平晨報·風雨談》1937年5月25日第三十一期。

5月13日,作詩〈鏡〉,載《水星》月刊1934年11月10日第一卷第二期。本月,編成詩集《鏡》,共收詩四十首。

5月20日,在送給周作人的《鏡》稿封面上寫有「藥廬老君爐前」字樣。此稿即「常出屋齋詩稿第二集」,未出版。

6月10日,發表長篇小說《莫須有先生傳》之一章〈行雲章〉(即單行本之第十三章〈這一章說到不可思議〉),載《青年界》月刊第一卷第四期。

10月19日,完成長篇小說《莫須有先生傳》。本月,短篇小說集《棗》由上海開明書店出版,內收小說〈小五放牛〉、〈毛兒的爸爸〉、〈四火〉、〈李教授〉、〈卜居〉、〈文公廟〉、〈棗〉和〈墓〉共八篇。

10月底,因工作尚無著落,赴南京、上海等地謀職,並受梁遇春之託,將其散文集《淚與笑》帶給石民,希望找個機會出版。當時南京的《現代文學評論》發布了一則文壇消息〈馮文炳將來京〉,內中云:「馮文炳為北方文壇中之健者,其作品頗多,擅長散文,筆名廢名,聞馮近受南京《新京日報》之聘,將來京任該報副刊編輯云。」

11月,回北平,被北京大學聘為講師。

1932 年　三十二歲

2月8日,作〈《莫須有先生傳》序〉。

3月14日,作〈《春在堂所藏苦雨齋尺牘》跋〉。

4月6日，作〈《周作人散文鈔》序〉。後收入1932年上海開明書店出版的《周作人散文鈔》。

4月，長篇小說《橋》由上海開明書店出版，為平裝普及本。

6月25日，好友梁遇春逝世。本月，長篇小說《橋》硬面精裝本，由上海美成印刷公司出版，開明書店發行。

7月5日，作散文〈悼秋心（梁遇春君）〉，載《大公報·文學副刊》7月11日第二三六期。

11月1日，發表長篇小說《橋》下卷第一章〈水上〉和第二章〈鑰匙〉，載《新月》月刊第四卷第五期。

12月8日，作〈秋心遺著序〉，載《現代》月刊1933年3月1日第二卷第五期。後作為〈序一〉收入梁遇春遺著《淚與笑》（開明書店1934年6月版）。

12月18日，作〈《紡紙記》前記〉，載《新月》月刊1933年3月1日第四卷第六期。本月，長篇小說《莫須有先生傳》由開明書店出版。

本年，作長篇小說《芭蕉夢》，只得一楔子，載《大公報·文藝副刊》1933年11月1日第十二期。

本年，寫了許多聯語送人。6月，音樂教育家劉天華病逝，他撰寫的輓聯是「高山流水不朽，物是人非可悲」。給梁遇春的是「從此燈前有得失，不比酒後是文章」。梁遇春死後，他作的輓聯是「此人只好彩筆成夢，為君應是曇花招魂」。給俞平伯的是「可愛春在一古樹，相喜年來寸心知」。給徐祖正的是「萬竹欲掃明月意，一樹不說梅花心」。給程鶴西的是「看得梅花忘卻月，可憐人影不知香」，鈴

有齊白石所刻「廢名」印章，聯上題記為：「人道同衾還隔夢，世間只有情難懂。然則必有異夢而同者矣，斯則可悲。」

1933年　三十三歲

2月1日，致胡適一封長信，談自己關於新詩的觀點。

5月6日，作〈《古槐夢遇》小引〉，後收入俞平伯著《古槐夢遇》，上海世界書局1936年1月版。

6月1日，發表長篇小說《橋》下卷之一章〈窗〉，載《新月》月刊第四卷第七期。

本月，長篇小說《莫須有先生傳》由上海開明書店再版。

7月，朱光潛在地安門慈慧殿三號，發起並組織「讀詩會」，至1937年7月止，廢名是「讀詩會」的常客。

10月21日，下午訪周作人，周作人轉交沈從文信，晚飯後離去。本月，長篇小說《橋》由上海開明書店再版。

10月22日，參加《大公報》文藝副刊在北海漪瀾堂舉行的午宴，周作人、俞平伯、楊振聲、沈從文、朱光潛、余上沅、鄭振鐸等。

11月1日，得葉公超送《桂遊半月記》。

1934年　三十四歲

1月1日，《文學季刊》創刊，鄭振鐸、靳以主編，廢名被列為特約撰稿人之一。

3月7日，作〈跋《落葉樹》〉（原刊目錄為〈跋落葉樹〉），載《人間世》半月刊4月5日第一期。《落葉樹》係程侃聲（鶴西）所作散文。

4月5日，《人間世》創刊，林語堂等主編，廢名被列為特約撰稿人之一。

4月20日，發表散文〈讀《論語》〉，載《人間世》半月刊第二期。

4月23日，發表詩〈果〉、〈栽花〉、〈墳〉，載《華北日報》。

6月1日，發表長篇小説《橋》下卷之〈荷葉〉和〈無題〉兩章，載《學文》月刊第一卷第二期。

7月14日，劉半農病逝。廢名作輓聯兩副，一是「學問文章空有定論，聲音笑貌愈覺相親」；一是「脫俗尚不在其風雅，歿世而能稱之德行」。

7月28日，周作人訪日答記者問時，稱俞平伯、廢名、冰心為自己「在文壇上露頭角的得意門生」，後人乃稱俞平伯、廢名、冰心為周作人的三大高足。本月，作散文〈知堂先生〉，載《人間世》半月刊10月5日第十三期。後收入1937年3月上海萬象書屋出版的《中國文學家傳記》。

10月9日，覆北京大學中文系學生、女詩人徐芳一便函，係寫在徐芳的詩《櫻桃》之下，對徐芳的《櫻桃》一詩予以評點，落款「廢名，10月9日」，徐芳詩末落款「1934年9月7日」。

10月17日，致鶴西信，並附詩一首。後以〈詩及信（二）〉為題，載《水星》月刊1935年1月10日第一卷第四期。

11月5日，發表〈新詩問答〉，載《人間世》半月刊第十五期。後收入1935年上海良友圖書公司印行的《人間小品》（甲集）。

11月16日，致卞之琳信，並附詩一首。後以〈詩及信（二）〉為題，載《水星》月刊1935年1月10日第一卷第四期。

本年，在北京大學講授「散文選讀和作文」、「新文藝試作」。

1935 年　三十五歲

1月5日，不齊（陳望道）在《太白》第一卷第八期發表雜感〈知堂是唯物論者〉，反諷廢名的〈知堂先生〉一文。

3月13日、14日，作雜感〈關於派別〉，載《人間世》半月刊4月20日第二十六期。

3月17日，致林語堂信。見《作家書簡》，虞山平衡編，萬象圖書館1949年2月初版。

5月1日，發表詩〈出門〉，載天津《益世報・文學副刊》。

5月5日，牟尼（茅盾）在《太白》第二卷第四期發表雜感〈道在北平〉，反諷廢名的〈關於派別〉一文。

6月23日，曾樸逝世，廢名作輓聯：名下士無虛擅文章仕學兼優不顯哉遠紹南豐遺緒；小說林有幾真美善父子合作今去也共悼東亞病夫。後載《宇宙風》1935年第二期。本月，魯迅選編的《中國新文學大系・小說二集》出版，內收廢名短篇小說〈浣衣母〉、〈竹林的故事〉、〈河上柳〉三篇。魯迅在序文裏中肯的評價了廢名的創作。

7月31日，兒子思純（乳名毛燕）出生。

8月，周作人選編的《中國新文學大系・散文一集》出版，內收廢名作品八篇，都是從廢名的長篇小說《橋》中選取的章節。

10月，朱自清選編的《中國新文學大系・詩集》出版，內收廢名詩〈洋車夫的兒子〉。

11月7日，李廣田在日記中寫到：「不知怎地，忽然覺得很思念廢名先生，也想再讀讀他的文章，但手下一本也沒有，只找出兩期《新月》和一本《駱駝草》的合訂冊。」

12月15日，發表長篇小説《橋》下卷之一章〈行路〉，載天津《大公報・文藝副刊》第六十期。

本年，作散文〈志學〉，載北平《世界日報》副刊《明珠》1936年10月4日，署名馮文炳。其後，林庚一度主持《明珠》，廢名在上面發表大量散文。

1936 年　三十六歲

1月2日，作〈《槐屋夢尋》序〉。《槐屋夢尋》是俞平伯的著作，未出版，書稿已亡佚，今存隨筆四十二則。

4月29日，致朱英誕信，與其後的信一同載於1939年8月11日《新北京報》副刊《新文藝》第十六期。

5月1日，作詩〈理髮店〉，載《新詩》月刊1936年12月10日第一卷第三期。

5月3日，作詩〈北平街上〉，載《新詩》月刊1936年12月10日第一卷第三期。

5月4日，作〈北平通信〉，載《宇宙風》半月刊6月16日第十九期。後收入陶亢德編、宇宙風社1938年7月出版的《北平一顧》（宇宙風叢書之一）。

9月25日，下午訪俞平伯，後一同訪朱自清。

10月20日，發表散文〈陶淵明愛樹〉，載北平《世界日報》副刊《明珠》第二十期。

10月23日，作詩〈飛塵〉，載《新詩》月刊1936年12月10日第一卷第三期。

11月3日，作〈《小園集》序〉，載《新詩》月刊1937年1月10日第一卷第四期。詩集《小園集》，朱英誕著，後因故未出版。

11月6日，發表散文〈中國文章〉，載北平《世界日報》副刊《明珠》第三十七期。

11月13日，作〈《冬眠曲及其他》序〉。後收入林庚詩集《冬眠曲及其他》。該詩集1936年12月由林庚自費印行，風雨詩社藏版。

11月22日，發表散文〈永遠是黑暗和林庚〉，載北平《世界日報》副刊《明珠》第五十三期。

11月24日，作〈《琴》序〉，載《宇宙風》半月刊1937年3月16日第三十七期。

12月11日，發表散文〈金聖歎的戀愛觀〉，載北平《世界日報》副刊《明珠》第七十二期。

12月19日，作詩〈十二月十九日夜〉，載《文學雜誌》（朱光潛主編）1937年6月1日第一卷第二期。

寒假，母親患病，返黃梅省親。卞之琳、何其芳等借住他的北河沿寓所。

本年，開始在北京大學講「現代文藝·新詩」等課程。

1937 年　三十七歲

1月16日，《宇宙風》第三十三期刊發〈作家影像及手跡之八：廢名先生〉。照片為廢名與其女兒的合影，手跡為詩稿〈火車站走了少年客〉。

3月10日，發表〈詩二首〉（即〈燈〉和〈星〉），載《新詩》第一卷第六期。

4月1日，作詩〈宇宙的衣裳〉、〈喜悅是美〉，後載《文學雜誌》第一卷第二期。主編朱光潛在〈編輯後記〉中評價道：「廢名先生的詩不容易懂，但是懂得之後，你也許要驚歎它真好……廢名先生富敏感而好苦思，有禪家與道人風味。他的詩有一個深玄的背景，難懂的是這背景。」

5月1日，《文學雜誌》創刊，朱光潛擔任主編，廢名也是編委會委員之一，並負責審閱詩歌稿件。

5月8日，作詩〈寄之琳〉。

6月13日，梁實秋採取「通信」的形式，以「一個中學教員」的身份，化名「絮如」，在《獨立評論》第二三八期發表文章稱卞之琳的詩〈第一盞燈〉、何其芳的散文〈扇上的煙雲〉為看不懂的「糊塗的詩文」，主編胡適在「編輯後記」表示同意他的觀點。周作人、沈從文給胡適公開信，表示不同意見，廢名甚至氣憤地找到胡適門上，「當面提出了強烈質問」。不久，廢名在致卞之琳信中稱：「北平讀書人有一個無聊的『中學教員』據說是大學教員做了一件無聊的勾當，不足擾山中的瀑布清聽也。」

7月7日，抗戰全面爆發。北京大學分西北、西南兩路內遷。學校規定，副教授以上人員隨校內遷，講師以下人員自行安排。廢名是講師，不在內遷人員之列。

8月2日，訪俞平伯，一起至徐祖正的駱駝書屋，遇江紹原。

10月10日，到俞平伯寓所「談道」。

10月26日，母親亡故。接到消息後擬定12月4日返黃梅。

12月2日，下午往苦雨齋話別，同日俞平伯來訪，是以未遇。

本月，奔母喪返黃梅。時交通大亂，歷經艱辛至家。

1938 年　三十八歲

2月27日，致朱英誕信，載1939年8月18日《新北京報・新文藝》第十七期，署名文炳。

3月6日，周作人致廢名信。

3月14日，寄信周作人，説：「學生在鄉下常無書可讀，寫字乃借改男（按：指廢名的女兒馮止慈）的筆硯，乃近來常覺得自己有學問，斯則奇也。」

6月28日中午，周作人邀請俞平伯、徐祖正、沈啟无、錢玄同至北海仿膳飯莊聚餐，共同作書簡，分別寄給南方的廢名和林庚。

春夏之交，得卞之琳信及其與何其芳等人編輯的刊物《工作》半月刊。讀何其芳〈論周作人事件〉一文，始知周作人已附逆事敵。

8月4日，黃梅縣城失陷，家中被洗劫一空。此前，廢名已率妻子岳瑞仁、女兒馮止慈、兒子馮思純躲避南鄉呂家竹林。

1939 年　三十九歲

　　夏，廢名寄居東鄉多雲山程家新屋其姑母家，距五祖寺十里許，曾與數人遊五祖寺。

　　8月11日、18日，發表〈馮文炳書簡〉，載《新北京報·新文藝》第十六、十七期，署名廢名。所載書簡共十二通，其中第十六期八通，第十七期四通。副刊編輯李曼茵（黃雨）編發這組書簡時加有一段「小志」：「最忠實於自己靈魂的廢名先生的作品，多年不見了。這些短簡，是他寄與朱英誕先生的。謝謝朱先生的盛意，他讓我們知道馮先生平安，讓我們在冷落的文苑裏，竟得嚐了一滴『竹青色的苦汁』！」

　　秋，攜妻兒赴西北鄉金家寨，任黃梅縣第二小學（金家寨小學）五、六年級國文和自然教員，人稱「馮二先生」，月薪二十元。時因交通阻隔，沒有教科書，擬自寫，總題為《父親做小孩子的時候》。由於工作量太大，只寫有一篇〈五祖寺〉。後改用編選方式，將戰前教材中的好文章選編用以教學。

1940 年　四十歲

　　1月，沈從文在西南聯大《國文月刊》第一卷第一、二、三期發表〈習作舉例〉（後改題名為〈由冰心到廢名〉），論評廢名的創作。

　　2月8日（春節）前，至距縣城兩里許的小道觀紫雲閣看望父親。應道姑請求，為道觀作春聯：「萬紫千紅皆不外明燈一盞，高雲皓月也都在破衲半山。」

　　3月19日，黃梅縣縣長陳宗猷訓令黃梅縣立初級中學校長熊惕

非，委任廢名為該校教員。廢名改教中學英語，月薪四十元，但仍有不少學生從其學國文。

夏，致俞平伯信。

1941 年　四十一歲

1月1日，下午，出席湖北省立聯合中學鄂東中學分校黃梅分部第三次校務會議。會上，廢名等教師提出「增加教職員待遇」的臨時動議。同日，作論文〈說種子〉，論佛教阿賴耶識種子義。一份寄北平周作人，一份寄重慶熊十力，一份寄施南辦農場的友人（一曰鶴西，即程侃聲），皆得回信。後熊十力針對廢名的觀點，寫有〈與馮君談佛家種子義〉。

春，隨校遷往東山五祖寺，住在觀音堂後殿二樓。平時與兒子住在一起，妻子、女兒仍住在龍錫橋。學校招考，得聘函，為國文科命題，他出的題目是「暮春三月」。

5月1日，出席在湖北省立聯合中學鄂東中學分校黃梅分部會議廳召開的中國國民黨黃梅縣第一直屬區分部黨員大會，推舉本分部執行委員、本分部小組組長，議決開始徵收黨費時間、本分部設立地點等事項。廢名被迫加入國民黨，黨證字型大小為「楚字25325」。

夏，湖北省立聯合中學鄂東中學分校黃梅分部暑期擴充班次招考，廢名為國文科命題，他出的試題是「水從山上下去，試替它作一篇遊記」。

9月1日，正式上課。擔任二上、二下、三下英語，每週各四小時。

1942 年　四十二歲

春，得熊十力從重慶所寄新著《新唯識論》（上中兩卷）語體文本。因熊氏反對唯識種子義，遂決定著《阿賴耶識論》以破之。

7月，黃梅縣縣長田江昌派令馮力生（廢名的長兄）為黃梅縣立初級中學校長。

9月5日，新舊學生開始註冊。女兒馮止慈（1929～1998）考上初中，舉家遷至五祖寺。

9月19日，與本校教員廖居仁、岳文選、余旌等人聯名上書黃梅縣政府，就「校長談本校奉令將續招新生一班」事表示異議。

10月21日，在五祖寺觀音堂作〈黃梅縣立初中第七班畢業同學錄序〉，載天津《大公報‧星期文藝》1946年11月17日第六期。

冬，日軍長期佔領黃梅縣城，炮擊東山五祖寺。縣立初中暫時解散。舉家遷居東山腳下的小山村水磨沖，住在一戶人家的牛舍裏。開始著《阿賴耶識論》。

小說家蘆沙（趙宗濂）在《中國文藝》1942年1月5日第五卷第五期上發表〈略歷〉：「我最重要的時代，是二十四年考入北京大學和廢名接近以後的兩年內。我得到他的指導最多！從那時起，我真正認清了我自己的路子，我便毅然地向我自己這路子上努力，據廢名和塞先艾的意見，似乎我的努力沒有失敗，於是我便以這一種風格，製造了很多短篇，陸續發表在當時的報章雜誌上；這便是我收在《在草原上》小說集裏的東西。」不久又在《中國文藝》1942年第六卷第一期上發表〈關於新詩的幾句話〉，複述、宣傳廢名的詩論。

1943 年　四十三歲

春，縣立初中復學，遷古角山的北山寺（實相寺）、南山寺（靈峰寺）。校本部設在北山寺，廢名在校分部南山寺。家在離縣城十里的馮仕貴祖祠堂，距南山寺有四十餘里。北山寺有一中年和尚，南山寺有一老年和尚，廢名常與他們往來。

6月1日，在馮仕貴祖祠堂作〈黃梅縣立初中第八班畢業同學錄序〉，載天津《大公報・星期文藝》1946年11月17日第六期。

暑假，住在南山寺，為學生補習功課。

9月，發表詩論〈新詩應該是自由詩〉，載《文學集刊》（沈啟无主編）第一輯。本月，沈啟无在《文學集刊》第一輯發表〈閒步庵書簡鈔〉，在致朱英誕的幾封信中多次談及廢名，流露出對廢名的懷念、關切之情。

10月28日，父親馮楚池病逝。廢名後請熊十力和俞平伯為其父撰墓誌。本月，出席黃梅縣立初級中學三十二年度第一學期第一次校務會議，討論「本校三十一年上期一上學生因學校停頓轉入宿松縣中肄業現本校復課應令復校一案應如何辦理」、「本學期各級功課應如何分別擔任」、「各級導師應如何聘任」等事項。廢名擔任二下導師，並二上、二下英語，每週十二小時，月薪180元。

11月1日，《藝文雜誌》月刊第一卷第五期刊發〈廢名先生贈呈苦雨翁的照片及對聯〉。照片共兩張，一張右側有周作人的題字：「十九年十二月十二日廢名兄贈，係其三十歲紀念也。豈明記。」另一張左旁有廢名的題字：「夫子哂之。距那年在武昌第一次通信大約

八年矣。廢名，十八年六月十三日。」並鈐有「廢名」印章。對聯為：「微言欣其知之為誨，道心惻於人不勝天。」

1944 年　四十四歲

3月26日，上午，出席黃梅縣立初級中學三十二年度第二學期第一次校務會議，討論「本學期各級課表」、「各級導師應如何聘定」、「上期學期試驗各級學生有因學科不及格應予補考者應如何分別補考」、「各級學生學業成績及操行成績應如何切實考核」等事項。廢名擔任三上導師。

4月20日，詩集《水邊》（與開元合著，朱英誕編）由北平新民印書館印行，共收詩三十三首。本集分前後兩部，前部題為「飛塵」，計三輯，收廢名新詩十六首，即〈妝台〉、〈壁〉、〈海〉、〈掐花〉、〈畫〉、〈無題〉、〈飛塵〉、〈理髮店〉、〈街上〉、〈街頭〉、〈寄之琳〉、〈燈〉、〈星〉、〈十一月十九夜〉、〈宇宙的衣裳〉、〈喜悅是美〉。後部題為「露」，收開元詩十七首。代序〈懷廢名〉係沈啟无寫的詩，詩前標明「印這詩集是一個紀念」。環襯頁正面有廢名近影及其詩稿〈飛塵〉手跡。本月，發表詩論〈已往的詩文學與新詩〉，載《文學集刊》第二輯。

5月，周作人寄一明信片給廢名，試探其近況。

6月25日，發表詩〈偶成〉，載《詩領土》月刊第三期。本月，覆信周作人，謂「此學校是初級中學，因為學生都是本鄉人，雖是新制，稍具古風，對於先生能奉薪米，故生活能以維持也。小家庭在離城十五里之祠堂，距學校有五十里，且須爬山，爬雖不過五里，五十

里惟此五里為畏途耳。」

7月2日，上午，出席黃梅縣立初級中學三十二年度第二學期第二次校務會議，討論「學期試驗日期應如何決定」、「學期試驗各科試驗時間應如何規定」、「學生升留級應如何規定」、「學生操行成績應如何切實考查」等事項。

7月25日，發表短文〈《天馬》詩集〉，載《風雨談》月刊第四期。

夏，縣裏的國民黨、三青團認為南、北山寺地處深山，縣中學在此開辦，難免受共產黨、新四軍影響，遂責令學校搬遷到山下的李家廟和李家花屋。李家廟為校本部，廢名住在分部李家花屋。

8月28日，正式上課。廢名被聘為專任教員兼年級導師。

9月，發表〈廢名詩鈔〉（〈偶成〉、〈亞當〉），載《風雨談》月刊第十四期，署名廢名。

11月，詩論《談新詩》作為藝文社藝文叢書第五種，由北平新民印書館印行，署名馮文炳。周作人序，黃雨跋，另附有周作人1943年舊作〈懷廢名〉。《談新詩》是廢名二十世紀三十年代在北京大學中文系開設「現代文藝」課時所寫的講義，共有〈《嘗試集》〉、〈《一顆星兒》〉、〈新詩應該是自由詩〉、〈已往的詩文學與新詩〉、〈沈尹默的新詩〉、〈《揚鞭集》〉、〈魯迅的新詩〉、〈《小河》及其他〉、〈《草兒》〉、〈《湖畔》〉、〈《冰心詩集》〉、〈《沫若詩集》〉等十二章。1946年，廢名返北大後，又續寫了〈《十年詩草》〉、〈林庚同朱英誕的詩〉、〈《十四行集》〉、〈關於我自己的一章〉四章。四十年代末，上海擬將十六章

講義結集出版，因時局變化而未果。1984年，人民文學出版社將前後兩部分合併，刪去初版本的序跋和附錄，增加廢名1934年寫的〈新詩問答〉一文，仍以《談新詩》之名出版。

12月21日，在黃梅停古鄉李家花屋作〈黃梅縣立初中第九班畢業同學錄序〉，載天津《大公報・星期文藝》1946年11月17日第六期。

1945 年 　四十五歲

1月10日，作〈黃梅初級中學二四區畢業同學所辦懷友錄序〉，文末署名馮文炳，載《平明日報・星期藝文》1947年7月27日第十四期，署名廢名。

春，因校舍不能集中，管教困難，學生賭博，且與繼任校長廖秩道辦學思路不一，遂辭職，離開縣立初中。在馮家祠辦學館，有不少學生慕名從其課學。

5月，詩文合集《招隱集》（開元編）由漢口大楚報社出版，收新詩十五首（〈妝台〉、〈壁〉、〈海〉、〈掐花〉、〈畫〉、〈無題〉、〈星〉、〈燈〉、〈寄之琳〉、〈十一月十九夜〉、〈街上〉、〈理髮店〉、〈飛塵〉、〈宇宙的衣裳〉、〈喜悅是美〉）；文八篇（〈新詩問答〉、〈新詩應該是自由詩〉、〈已往的詩文學與新詩〉、〈關於派別〉、〈琴序〉、〈釣魚〉、〈隨筆〉、〈讀《論語》〉）。

8月15日，日本宣佈無條件投降。

秋，完成《阿賴耶識論》，原計劃寫二十章或更多，終得十章，即〈第一章　述作論之故〉、〈第二章　論妄想〉、〈第三章　有是事說是事〉、〈第四章　向世人說唯心〉、〈第五章　「致知在格

物」〉、〈第六章　説理智〉、〈第七章　破生的觀念〉、〈第八章　種子義〉、〈第九章　阿賴耶識〉和〈第十章　真如〉。1947年上半年，中國哲學會曾有意付梓，但事不果行。今存稿本有二，一在廢名哲嗣馮思純處，此稿本裝幀精美，丁亥（1947年）夏日，俞平伯題簽；一藏於北京大學圖書館，由廢名和他在黃梅的學生潘鎮芳合抄。

1946 年　四十六歲

春，返回黃梅縣城。修建房屋，完工。為了生計，在縣城與岳家灣中途的雞鳴寺招徒教書。

5月，西南聯大解散，北京大學遷回北平復校。

7月底，經俞平伯、楊振聲、朱光潛向校長胡適、文學院院長湯用彤力薦，被北大聘為國文系副教授。

9月，由九江乘船順江至南京，通過國民黨政府外交次長葉公超之關係，探視關押在老虎橋監獄的周作人。後坐飛機抵北平。

10月，北京大學正式開學，廢名除開有「大一國文」以外，還講授《孟子》、《論語》兩種專書。時，國民黨常在北京大學搜捕進步學生，廢名憤慨地對學生們説：「這年頭道理也講不通，我也不想教你們了，我很悲哀。」

12月29日，應北大學生之約，作關於新詩的公開演講，講題為「談我自己的新詩」。

1947 年　四十七歲

1月18日，前後開始，發表〈樹與柴火〉、〈教訓〉、〈放

猾〉、〈小時讀書〉等一組回憶性散文，被後人稱為「廢名的《朝花夕拾》」。

5月5日，《小時讀書》發表於南昌《中國新報‧新文藝》第二十九期。

6月1日，在《文學雜誌》連載自傳體長篇小說《莫須有先生坐飛機以後》共發表十七章，此書尚有第十八章《到後山鋪去》、第十九章《路上及其他》兩章手稿未曾發表。自第二卷第一期開始，至1948年11月第三卷第六期結束。

8月，發表〈說人欲與天理並說儒家道家治國之道〉，原載《哲學評論》第十卷第六期，署名馮文炳。

9月17日，拜訪僧人一盲，與之討論佛學。此次談話內容，後經一盲整理以〈佛教漫譚（四）〉為題發表於《世間解》10月15日第四期上。翌日，將尚未出版的《阿賴耶識論》抄本親自送給他。

本年，在《世間解》雜誌（張中行編輯）發表〈孟子的性善和程子的格物〉、〈佛教有宗說因果〉、〈佛教有宗說因果書後〉、〈體與用〉四篇。

1948 年　四十八歲

3月24日，《立志》發表於南昌《中國新報‧文林》第六一八期。

5月，在《文學雜誌》第二卷第十二期發表〈雞鳴〉、〈人類〉、〈真理〉等詩，這些詩作，風格迥異於三十年代現代派詩，非常地關注現實，為一般讀者容易接識。

8月，上海開明書店出版《現代詩鈔》，聞一多選編，收錄廢名〈燈〉和〈理髮店〉二詩。

11月7日晚八點，參加由文藝團體「方向社」舉行的「今日文學的方向」座談會，地點在蔡子民先生紀念堂。出席座談的有沈從文、汪曾祺、朱光潛、常風、馮至等十六人，袁可嘉主持。

1949 年　四十九歲

2月21日，俞平伯訪廢名，後一起參加北大聯誼會。

4月1日，完成〈一個中國人民讀了新民主主義論後歡喜的話〉，並裝訂成冊，署名廢名，扉頁上書「獻給中國共產黨」，後親自送呈董必武。

8月，周作人回到北京，生活困苦。廢名曾在老朋友中為他募捐，並經常去周家。

1950 年　五十歲

2月17日春節，到周作人家賀年。

本年，在北京大學開設文藝文習作等課程，並繼續作〈古代的人民文藝──《詩經》講稿〉。

1951 年　五十一歲

4月10日，致信周作人，內云：「九日信今晨奉到。五日信則迄未到，不知何也。查莎氏劇，Richard III戰敗，死在Basworth Field，

但該劇中無Wolsey這個腳色，Richard III死時亦無人嘆惜他的生平不義之處，只在Richmond（後來的Henry VII）誓師時數出他的不義。又查百科全書，有Wolsey其人，注明是Cardinal and statesmin，1475～1530，然而Richard III是1452～1485，是後者死時前者僅十歲，不能由他嘆惜也。」

10月，隨北京大學師生到江西吉安瀧田鄉參加土地改革運動。中文系隨團出發的教授還有唐蘭等。

1952 年　五十二歲

5月，從江西返回北大。不久，寫入黨申請書，交北大中文系黨組織。

9月，全國高等院校實行院系調整，廢名和楊振聲等四人由北京大學調至東北人民大學（現吉林大學）。

後來，廢名對來訪的束沛德説：「五二年把我從北京調到這裏來，我以為這裏需要我，其實這裏並不需要我，半年多沒有給我分配工作。你們把我扔了，下面還不把我扔了，像破抹布一樣。」

1953 年　五十三歲

春，參加中國第一汽車製造廠動工建設，勞動了半個月，右眼突然看不見東西，後被確診為視網膜脱落。

秋，到北京同仁醫院醫治眼睛，但效果不好，右眼幾乎失明。不能伏案，只能托木板寫文章、編講義，仍按時上課，從未缺勤。

本年，講授語法修辭、文選習作。

1954 年　五十四歲

本年，講授杜甫詩研究、文選習作。

1955 年　五十五歲

到北京檢查眼睛，住在大侄馮健男家。

本年，講授魯迅研究。

1956 年　五十六歲

1月開始，發表《杜詩講稿》部分章節。

7月，《跟青年談魯迅》由中國青年出版社出版，11月重印。出版後，周作人寫信給他，說他「寫得不好」。

10月，發表〈紀念魯迅〉、〈魯迅給我的教育〉等。

本年，擔任東北人民大學中文系主任，講授杜甫詩研究。

1957 年　五十七歲

4月24日，作〈《廢名小說選》序〉，署名廢名，為最後一次使用「廢名」這個筆名。

5月8日，發表短論〈高潮到來了〉，載《吉林日報》。文中說他準備寫兩部長篇小說。一部是反映知識份子在大時代中的道路，一部是反映大革命、抗日解放戰爭至土改、農業合作化的社會變遷。

8月3日，發表隨感〈讀古書〉，載《人民日報》。

8月10日，發表〈必須黨領導文藝〉，載《吉林日報》。

11月，《廢名小說選》由人民文學出版社出版，廢名在序言中說：「我所寫的東西主要是個人的主觀，確乎微不足道。不但不足道，而且可羞，因為中國解放了，在這個翻天覆地的大事業之中，沒有自己的血和汗。」又說：「我當時付的勞動實在是頑強……這些短篇小說的語言我今天看來很有些驚異，認為難得，也表現了生活，一個時代的生活。」並提到「我寫小說同唐人寫絕句一樣」。

12月14日，周作人外出購《廢名小說選》一冊。

1958 年　五十八歲

本年撰寫《新民歌講稿》，講授魯迅研究。

1959 年　五十九歲

9月，郭沫若、周揚主編的《紅旗歌謠》出版，他熱情讚揚，並用新民歌體寫了〈歌頌篇三百首〉。

本年，講授新民歌研究。

1960 年　六十歲

4月，將自著《毛澤東同志著作的語言是漢語語法的規範》列印成冊裝訂。

8月，完成《魯迅研究》書稿。

本年，講授杜甫詩研究。

1961 年　六十一歲

7月31日，周作人在寫給鮑耀明信中稱：「二君（按：指廢名和俞平伯）近雖不常通信，唯交情故如舊。」

10月19日，發表論文〈偉大的戰士——紀念魯迅逝世二十五周年〉，載《長春日報》。

本年，講授魯迅研究、美學（含新民歌研究），並撰寫講義《美學》，該講義分十章，於次年8月油印。

1962 年　六十二歲

5月20日，作論文〈仰之彌高，鑽之彌堅〉。此文是紀念毛澤東〈在延安文藝座談會上的講話〉發表二十周年而作。

夏，周揚到吉林大學視察，親自召見廢名，並安排學校給他配秘書，他不接受。

本年，講授美學（含新民歌研究）。

1963 年　六十三歲

春，在省政協開會，突然尿血，後被確診為膀胱癌。此後再未上課，在家看書，修改文稿。

本年當選為吉林省政協常委、吉林省作協副主席。

1964 年　六十四歲

9月30日，應湖北省黃梅縣民政局之請求，撰寫〈馮文華烈士傳

略〉。馮文華（1902～1927）係廢名堂弟，1927年7月15日（文中云6月27日，有誤）與邢家鎮（1906～1927）一同在黃梅嚴家閘被殺害。

1965 年　六十五歲

本年，又檢查出胃癌。

1966 年　六十六歲

春，將修改好的《魯迅研究》、《杜詩講稿》、《美學講義》、《毛澤東同志著作的語言是漢語語法的規範》等講稿交給進駐學校的「工宣隊」。

5月，到北京反帝醫院（協和醫院）做手術，不久又送回長春。

6月，文化大革命開始，在重病中的廢名喃喃地問道：「文化大革命是怎麼回事？……看不到他的結果，我是很不甘心的……不管怎麼樣，我總是相信中國共產黨的！」

1967 年　六十七歲

5月6日，周作人在北京逝世。

9月4日下午一點多，廢名因醫治無效病逝。

1994年清明節，其骨灰由家人安葬在黃梅縣苦竹鄉後山鋪，距馮仕貴祖祠堂不遠。

〈《竹林的故事》序〉，周作人，《語絲》，1925年10月12日第四十八期。

〈《桃園》跋〉，周作人，《桃園》，上海開明書店1928年版。

〈關於廢名《桃園》之批評〉，拙亭，《開明》，1929年4月10日第一卷第十號。

〈西郊遇雨記——寄給廢名〉，馮至，《華北日報副刊》，1929年7月17日第一一四號。

〈《夫婦》尾記〉，沈從文，《小說月報》，1929年11月10日第二十卷第十一號。

〈《竹林的故事》和《桃園》〉，毛一波，《真美善》，1929年12月16日第五卷第二號。

〈談《駱駝草》上的幾篇〉，千因，《新晨報副刊》，1930年6月3日。

〈《駱駝草》的發刊〉，野，《明天》，1930年6月20日第三卷第三十一期。

〈《橋》附記〉，廢名，《駱駝草》，1930年8月11日第十四期。

〈馮文炳將來京〉，《現代文學評論》，1931年。

〈評廢名君的《桃園》〉，華西里，《文藝戰線》，1932年3月21日
　　第一卷十九期。

〈《棗》和《橋》的序〉，周作人，《橋》，上海開明書店1932年
　　4月。

〈《橋》（書評）〉，《現代》，1932年8月1日第一卷第四期。

〈評廢名著《橋》〉，灌嬰（余冠英），《新月》1932年11月1日第四
　　卷第五期。

〈《莫須有先生傳》序〉，周作人，《莫須有先生傳》，上海開明書
　　店1932年12月。

〈廢名的《莫須有先生傳》〉，梁秉憲，《圖書評論》，1933年第二
　　卷第二期。

〈《莫須有先生傳》的作者〉，柴扉，《十日談》，1933年11月10日
　　第十期。

〈廢名的小說〉，朱自清，《中國新文學研究綱要》第5章第5節，
　　1929～1933年。

〈馮文炳的名該廢麼？〉，B.P.，《大學新聞週報》，1934年11月3
　　日第二卷第八期。

〈廢名所藏苦雨齋尺牘跋〉，周作人，《人間世》，1934年5月20日
　　第四期。

〈廢名的廢話〉，P.Y.，《大學新聞週報》，1934年11月20日第二卷
　　第九期。

〈兩個文人：馮文炳・梁實秋〉，鑫鑫，《十日談》，1934年第

四十四期。

〈廢名先生的〈知堂先生〉〉，徐運北，《中華日報》副刊《動
　　向》，1934年10月25日。

〈論馮文炳〉，沈從文，《沫沫集》，上海大東書局1934年版。

〈廢名晦澀的作風〉，蘇雪林，《新文學研究》，國立武漢大學1934
　　年印；1979年，由廣東出版社出版，書名改為《二三十年代作家
　　與作品》；1983年臺灣純文學出版社出版的重排修訂版改為《中
　　國二三十年代作家》。

〈《關於派別》跋〉，林語堂，《人間世》，1935年4月20日第
　　二十六期。

〈《中國新文學大系‧小説二集》導言〉，魯迅，《中國新文學大
　　系》，上海良友圖書公司1935年6月。

〈一人一書——論魯迅、知堂、蔣光慈、巴金、沈從文及廢名的創
　　作〉，施蟄存，《宇宙風》，1936年1月1日第三十二期。

〈周作人的三位高足：俞平伯、馮文炳、冰心〉，《鐵報》，1936年
　　10月3日。

〈《畫夢錄》——何其芳作〉，劉西渭（李健吾），《咀華集》，文化
　　生活出版社，1936年版。

〈《邊城》——沈從文作〉，劉西渭（李健吾），《咀華集》，文化生
　　活出版社，1936年版。

〈文壇怪人的怪事‧廢名的方城三人戰〉，《電聲》，1937年第六卷
　　第二期。

〈編後記〉，朱光潛，《文學雜誌》（朱光潛主編），1937年6月第一

卷第二期

〈編後記〉，朱光潛，《文學雜誌》，1937年7月第一卷第三期。

〈《橋》（書評）〉，朱光潛，《文學雜誌》，1937年7月第一卷第
　　三期。

〈談《橋》和《莫須有先生傳》〉，鶴西（程侃聲），《文學雜
　　誌》，1937年8月第一卷第四期。

〈《馮文炳書簡》小志〉，李曼茵，《新北京報》副刊《新文藝》，
　　1939年8月11日第十六期。

〈習作舉例（後改題名為〈由冰心到廢名〉）〉，沈從文，《國文月
　　刊》（西南聯大主辦），1940年1月第一卷第一、二、三期。

〈廢名及其詩〉，朱英誕，《新詩講義》，北京大學（淪陷區），
　　1941年印。

〈勢所必至，理有固然〉，魯迅，《奔流新集》第一輯《直入》，奔
　　流社，1941年版。

〈事變後的北京文壇與我們當前的責任〉，靳宜，《中國文藝》，
　　1942年1月5日第五卷第五期。

〈關於新詩的幾句話〉，蘆沙（趙宗濂），《中國文藝》，1942年第
　　六卷第一期。

〈一九四二年的華北新詩〉，靳宜，《中國文藝》，1943年1月5日第
　　七卷第五期。

〈懷廢名〉，周作人，《古今》，1943年4月16日第二十、二十一期。

〈《天馬詩集》附記〉，沈啟无，《風雨談》，1943年7月25日第
　　四期。

224

《新文壇逸話：廢名的怪癖》，文星，《國報周刊》，1943年7月18
　　日第三期。

〈閒步庵書簡鈔〉，沈啟无，《文學集刊》，1943年9月第一輯。

〈〈廢名先生贈呈苦雨翁的照片及對聯〉編者按〉，《藝文雜誌》，
　　1943年11月1日第一卷第五期。

〈後記〉，沈啟无，《文學集刊》，1944年1月第二輯。

〈《水邊》集序〉，白藥（朱英誕），《文學集刊》，1944年1月第
　　二輯。

〈馮文炳的小説〉，余拯，《文壇史料》，中華日報社1944年版。

《橋》，周作人，《書房一角》，北平新民印書館1944年5月版。

〈隨筆六則（六）〉，胡蘭成，《天地》月刊，1944年7月第十期。

〈《談新詩》〉，周作人，《談新詩》，北平新民印書館1944年11
　　月版。

〈《談新詩》跋〉，黃雨（李曼茵），《談新詩》，北平新民印書館
　　1944年11月版。

〈從廢名的〈街頭〉説起〉，路易士（紀弦），《文藝世紀》，1945
　　年2月第一卷第二期。

〈廢名教課「發神經」〉，《東南風》，1946年第三十五期。

〈〈回應「打開一條生路」〉按語〉，楊振聲，《大公報・星期文
　　藝》，1946年12月1日第八期。

〈廢名的文章〉，少若（吳小如），《益世報・文學週刊》，1946年
　　12月14日第十九期。

〈關於廢名〉，靜遠（潘齊亮），《文匯報・筆會》，1947年某期，

後收入《走過半個世紀：筆會文粹》，文匯報筆會編輯部編，文
　　匯出版社1996年7月版。

〈關於廢名〉，黃伯思（黃裳），《文藝春秋‧副刊》，1947年3月第
　　一卷第三期

〈黃梅馮府君墓誌〉，熊十力，1947年5月11日撰。

〈編輯室雜記〉，《世間解》，1947年7月15日第一期。

〈編輯室雜記〉，《世間解》，1947年8月15日第二期。

〈編輯室雜記〉，《世間解》，1947年10月15日第四期。

〈佛教漫譚（四）〉，一盲，《世間解》，1947年10月15日第四期。

〈編輯室雜記〉，《世間解》，1947年11月15日第五期。

〈建築「卓民堂」：廢名先生來書建議，並捐款拾元作為倡導〉，
　　《華中通訊》，1948年第三卷第三期。

〈記廢名和徐盈〉，高翔，《論語》，1948年2月16日第一四七期。

〈新詩講義——關於我自己的一章〉，廢名，《民國日報‧文藝》
　　1948年4月5日第一二〇期。

〈今日文學的方向——方向社第一次座談會記錄〉，《大公報‧星期
　　文藝》，1948年11月14日。

〈與馮君談佛家種子義〉，熊十力，《十力語要初續》，香港東升印
　　務局，1949年版。

〈從廢名的《街頭》說起〉，紀弦，《新詩論集》，臺灣大業書店，
　　1956年10月版。

〈對於《杜甫寫典型》一文的意見〉，喬象鍾，《光明日報》，1957
　　年3月24日。

〈目前杜詩研究存在的問題——評《杜甫詩論》和《杜甫寫典型》〉，
　　吳代芳，《文史哲》，1957年第一期。

〈《廢名小説選》序〉，廢名，人民文學出版社，1957年11月版。

〈迎接大放大鳴的春天——訪長春的幾位作家〉，束沛德，《文藝
　　報》，1957年第十一期。

〈論馮文炳先生的《杜詩講稿》〉，郭石山，《光明日報》，1958年
　　11月2日第六版。

〈就《阿Q正傳》的幾個主要問題和馮文炳教授商榷〉，劉忠恕，
　　《吉林大學人文科學學報》，1959年第二期。

〈對馮文炳教授《阿Q正傳》一文的意見〉，盧湘，《吉林大學人文
　　科學學報》，1959年第二期。

〈一副引人的剪影——重讀《跟青年談魯迅》〉，楊揚，《人民日
　　報》，1961年9月28日。

〈也談杜甫的《登樓》〉，翰逢，《吉林日報》1961年12月29日。

〈論美學及其科學的研究途徑——談馮文炳同志《美是客觀存在和美
　　學》的幾點意見〉，金恩暉，《吉林大學社會科學學報》，1962
　　年第四期。

〈對《談藝術形式》一文的意見〉，劉柏青，《吉林大學社會科學學
　　報》，1963年第二期。

〈略論藝術形式的歷史規律——讀馮文炳同志《談藝術形式》一文的幾
　　點意見〉，韓凌，《吉林大學社會科學學報》，1963年第二期。

〈禪趣詩人廢名〉，瘂弦，臺灣《創世紀》詩雜誌，1966年1月20日
　　第二十三期。

〈廢名〉，周伯乃，《中國新詩之回顧》，臺灣廣文書局，1969年9月版。

〈廢名先生所作序論——跋廢名先生手稿〉，朱英誕，朱英誕遺稿，1972年作，後收入《新詩評論》，2007年第二輯。

〈發現一個小說家——廢名研究資料初編〉，羅青，臺灣《書評書目》，1974年第一期。

〈馮文炳〉，陳敬之，臺灣《暢流》，1975年第五十一卷第十二期、第五十二卷第一期。

〈廢名：孤獨的美〉，司馬長風，《中國新文學史》（中卷），香港昭明出版社，1976年版。

〈從《桃園》看廢名藝術風格的得失〉，凌宇，《十月》，1981年第一期。

〈《談卞之琳的詩》後記〉，馮健男，《詩探索》，1981年第四期。

〈梅花依舊——一個「大時代的小人物」的自傳‧詩與橋與船〉，朱英誕，朱英誕遺稿，1982年底作，後發表於《新文學史料》，2007年第四期。

〈關於魯迅從「五四」到一九二七年的思想（致《魯迅研究》作者馮文炳同志的信）〉，邵荃麟，《圖書館雜誌》1982年第一期。

〈廢名小說的田園風味〉，楊義，《中國現代文學研究叢刊》，1982年第一輯。

〈四十年代中期的上海文學〉，唐弢，《文學評論》，1983年第三期。

〈廢名〉，黃裳，《大公報》（香港），1982年6月30日、7月1日。

〈不斷進取　有所作為——懷念馮文炳先生〉，金訓敏，《吉林大學

學報》，1982年第六期。

〈廢名遺著亟待整理〉，吳小如，《文匯報》（香港），1983年1月
　　16日。

〈《馮文炳選集》序〉，卞之琳，《新文學史料》，1984年第二期。

〈說廢名的生平〉，馮健男，《新文學史料》，1984年第二期。

〈《駱駝草》影印本序〉，馮至，《駱駝草》影印本，上海書店，
　　1985年版。

〈談廢名的小說創作〉，馮健男，《中國現代文學研究叢刊》，1985
　　年第四期。

〈廢名：一支平淡而樸素的筆〉，燕平，《現代作家四十人》，上海
　　人民出版社1986年版。

〈一個具有獨特風格的作家──《廢名選集》代序〉，馬良春，《慄
　　慄集》，海峽文藝出版社1986年版。

〈《莫須有先生傳》〉，金訓敏，《中國現代百部中長篇小說論
　　析》，吉林大學出版社1986年版。

〈廢名〉，張中行，《負暄瑣話》，黑龍江人民出版社1986年版。

〈魯迅與廢名〉，吳作橋，《江漢論壇》，1986年第十期。

〈懷廢名〉，鶴西，《新文學史料》，1987年第三期。

〈廢名：揮灑自如　澀如青果〉，張以英、諸天寅、完顏戎，《中國
　　現代散文一百二十家札記》，灕江出版社1987年版。

〈廢名──傑出的散文家〉，馮健男，《江漢論壇》，1988年第六期

〈廢名與禪宗〉，李俊國，《江漢論壇》，1988年第六期。

〈廢名和沈從文的文化情致〉，楊義，《文化衝突與審美選擇》，人

民文學出版社1988年版。

〈馮文炳的詩論〉，潘頌德，《上饒師專學報》，1989年第一期。

〈廢名詩解讀〉，蔣成瑀，《中國現代文學研究叢刊》，1989年第
　　一期。

〈廢名在戰後的北大〉，馮健男，《新文學史料》，1990年第一期。

〈寂寞的詩神：何立偉、廢名小說之比較──中國現當代作家比較之
　　一〉，楊劍龍，《中國現代文學研究叢刊》，1990年第四期。

〈「我是夢中傳彩筆」──廢名略識〉，孟實（吳方），《讀書》，
　　1990年第十期。

〈中國現代堂‧吉訶德的「歸來」：《莫須有先生傳》、《莫須有先生
　　座飛機以後》簡論〉，錢理群，《雲夢學刊》，1991年第一期。

〈廢名小說的美與晦及其深層關聯之謎〉，金訓敏，《文藝爭鳴》，
　　1991年第一期。

〈廢名與胡適〉，馮健男，《新文學史料》，1991年第二期。

〈廢名小說的禪學底蘊〉，姜雲飛，《浙江師大學報》，1991年第
　　三期。

〈廢名談詩和小說〉，馮健男，《河北師大學報》，1991年第三期。

〈廢名小說的禪道投影〉，胡紹華，《東北師大學報》，1991年第
　　六期。

〈周作人與俞平伯、廢名──師生之間〉，錢理群，《周作人論》，
　　上海人民出版社1991年版。

《馮文炳研究資料》，陳振國主編，海峽文藝出版社1991年版。

〈廢名的《橋》與禪〉，羅成琰，《中國現代文學研究叢刊》，1992

年第一期。

〈解放前廢名研究述評〉，劉秉仁，《社會科學動態》，1992年第
　　一期。

〈近十年廢名研究述評〉，劉秉仁，《中國現代文學研究叢刊》，
　　1992年第四期。

《夢的真實與美：廢名》，郭濟訪，花山文藝出版社，1992年版。

〈廢名研究在臺灣〉，陳振國，《文教資料》，1993年第二期。

〈「亂寫」與顛覆：《莫須有先生傳》的敘事解讀〉，倪偉，《中國
　　現代文學研究叢刊》，1993年第三期。

〈廢名與家鄉的文學因緣〉，馮健男，《黃岡師專學報》，1993年第
　　三期。

〈廢名的詩與禪〉，王澤龍，《江漢論壇》，1993年第六期。

〈是「詩化」不是「散文化」：廢名研究之三〉，饒新冬，《上海大
　　學學報》，1994年第一期。

〈從追蹤魯迅到走向周作人——馮文炳鄉土文學的創作路向〉，楊劍
　　龍，《學術研究》，1994年第五期。

〈馮文炳信五通〉，《胡適遺稿及秘藏書信》第三十六卷，耿雲志
　　編，黃山書社1994年版。

〈廢名：傳統中的現代〉，[美]史書美；岳耀欽，《殷都學刊》，
　　1994年第四期。

〈「言志派」的淵源與流向：周作人、俞平伯、廢名合論〉，劉緒
　　源，《解讀周作人》，上海文藝出版社1994年版。

〈《水邊》：廢名和開元的詩集〉，商禽，臺灣《創世紀》詩雜誌，

1994年10月第一〇〇期。

〈廢名與熊十力〉，陳建軍，《黃岡日報》，1995年3月19日第四版。

〈人靜山空見一燈：廢名詩探〉，馮健男，《文學評論》，1993年第
　　三期。

《我的叔父廢名》，馮健男，接力出版社1995年版。

〈論廢名的詩學〉，王家康，《河南教育學院學報》，1995年第四期。

〈我和廢名師的最後一面〉，吳小如，《書廊信步》，遼寧教育出版
　　社1995年版。

〈交響東西方傳統，走向世界文學──廢名綜合論〉，饒嵦，《福建
　　論壇》，1996年第一期。

〈《廢名小說選集》代序〉，汪曾祺，《中國文化》，1996年第一期。

〈序《廢名小說選集》〉，嚴家炎，《中國文化》，1996年第一期。

〈自在聲音顏色中──廢名詩品〉，馮健男，《詩探索》，1996年第
　　二期。

〈廢名的新詩觀〉，孫玉石，《野草》（日本「中國文藝研究會會
　　刊」），1996年8月第五十八號。

〈廢名小說晦澀之因探析〉，陳建軍，《黃岡師專學報》，1997年第
　　二期。

〈對中國傳統詩現代性的呼喚──廢名關於新詩本質及其與傳統關係
　　的思考〉，孫玉石，《煙臺大學學報》，1997年第二期。

〈廢名的小說藝術〉，馮健男，《文藝理論研究》，1997年第三期。

〈廢名對聯話〉，李學文，《民間對聯故事》，1997年第六期。

〈澀味與優美：廢名的散文〉，楊昌年，臺灣《國文天地》，1997年

第十二期。

〈《紡紙記》序〉，鶴西，《紡紙記》，珠海出版社1997年版。

〈《廢名小説》編後記〉，艾以，《廢名小説》，安徽文藝出版社
　　1997年版。

〈本書説明〉，陳子善，《論新詩及其他》，遼寧教育出版社1998
　　年版。

〈遙遠的鐘聲──記馮文炳老師〉，鄭啟幕，《人民日報》（海外
　　版），1998年1月27日。

〈廢名佚文考〉，止庵，《文匯讀書週報》，1998年7月4日。

〈阿賴耶識論〉，止庵，《文匯讀書週報》，1998年11月14日。

〈談卞之琳詩文中的廢名影響〉，江弱水，南大語言文化學報（新加
　　坡），1998年第三卷第二期。

〈説《莫須有先生》前後二傳〉，馮健男，《黄岡師專學報》，1998
　　年第二期。

〈廢名小説的詩與真〉，馮健男，《河北師範大學學報》，1998年第
　　四期。

〈迷人而難啟的黑箱：評廢名的詩〉，羅振亞，《中國現代文學研究
　　叢刊》，1999年第二期。

〈脱俗與自審：卞之琳、廢名詩歌中的「鏡子」意象〉，[韓]崔允
　　暄，《中外詩歌研究》，1999年第二期。

〈《五祖寺》裏的佛教色彩〉，[韓]吉貞杏，《對話與漫遊》，上海
　　文藝出版社1999年版。

〈廢名創作中禪意的形成與嬗變〉，楊厚均，《湘潭大學社會科學學

報》，1999年第三期。

〈《廢名卷》前言〉，周良沛，《中國新詩庫》第三集，《廢名卷》，長江文藝出版社1999年版。

〈關於《廢名文集》〉，止庵，《博覽群書》，2000年第一期。

〈有關廢名的幾件事〉，孫玉蓉，《文匯讀書週報》，2000年9月23日。

〈卞之琳與徐志摩、聞一多、廢名〉，江弱水，《光明日報》，2000年12月14日。

〈廢名小說的敘事研究〉，劉勇，華東師範大學博士學位論文，2000年。

〈廢名的意義〉，格非（劉勇），《文藝理論研究》，2001年第一期。

〈廢名小說的時間與空間〉，劉勇，《當代作家評論》，2001年第二期。

〈往者難追〉，孫郁，《讀書》，2001年第四期。

〈《莫須有先生坐飛機以後》：漫漶的水〉，陳建軍，《黃岡師專學報》，2001年第四期。

〈論廢名《橋》的閨閣情趣〉，夏元明，《黃岡師專學報》，2001年第四期。

〈為人父，止於慈──紀念父親廢名誕辰一百周年〉，馮思純，《新文學史料》，2001年第四期。

〈難以逃遁的困境──廢名創作中的焦慮〉，劉年輝，湖南師範大學碩士學位論文，2001年。

〈光榮的寂寞──廢名研究綜述〉，葉蓓，《南京師範大學文學院學

報》，2001第四期。

〈《莫須有先生傳》與《堂吉訶德》之比較研究〉，夏元明，《黃岡師範學院學報》，2001年第六期。

〈廢名講詩：《杜詩講稿》和《新民歌講稿》〉，鶴西，《書城》2001年第八期。

〈魯迅與廢名〉，止庵，《博覽群書》，2001年第十一期。

〈「夢中傳彩筆 花葉寄朝雲」——廢名散文讀解〉，蔣成瑀，《浙江教育學院學報》，2002第二期。

〈廢名的詩集〉，止庵，《新文學史料》，2002年第二期。

〈竟陵派與廢名的散文創作〉，周菏初，《船山學刊》，2002年第四期。

〈略論廢名小説的接受與影響〉，陳茜，《江西社會科學》，2002年第五期。

〈廢名小説中的黃梅方言成分〉，汪化雲、夏元明，《黃岡師範學院學報》，2002年第五期。

〈論《莫須有先生傳》的用典〉，夏元明，《貴州社會科學》，2002年第六期。

〈「真人」廢名〉，湯一介，《萬象》，2002年第十一期。

〈讀止庵編《廢名文集》瑣記〉，吳小如，《文史知識》，2002年第十二期。

〈難忘廢名先生〉，樂黛雲，《萬象》，2003年第一期。

〈讀《莫須有先生傳》〉，止庵，《黃岡師範學院學報》，2003年第一期。

〈述評：1981年以來的廢名小説研究〉，陳建軍，《貴州社會科學》，2003年第五期。

〈鏡花水月的世界：廢名《橋》的詩學研究〉，吳曉東，廣西教育出版社2003年8月版。

〈「棄文就武」釋義〉，陳建軍，《魯迅研究月刊》，2003年第十期。

《廢名年譜》，陳建軍著，華中師範大學出版社2003年12月版。

〈卻道此人是誰──論廢名小説中的敘述者〉，胡旭梅，華南師範大學碩士學位論文，2003年。

〈交響東西 溝通古今〉，葉蓓，南京師範大學碩士學位論文，2003年。

〈馮文炳：新詩現代品格的詮説者〉，許霆，香港《詩網路》，2003年第十一期。

《廢名先生》，石雪峰主編，《黃梅文史資料》第十一輯，2003年版。

〈存在之思論──廢名小説《橋》的主題〉，游修慶，華南師範大學碩士學位論文，2003年。

〈廢名與周作人〉，游修慶，《粵海風》，2004年第三期。

〈廢名小説的「文字禪」《橋》與《莫須有先生傳》語言研究〉，張麗華，《中國現代文學研究叢刊》，2004年第三期。

〈有關《廢名集》整理的文與言〉，王風，《中國現代文學研究叢刊》，2004年第三期。

〈廢名的對聯藝術〉，李學鋒，高等函授學報（哲學社會科學版），2004年第四期。

〈廢名作品的文學淵源──以與李商隱的關係為中心〉，董乃斌，《文藝研究》，2004第四期。

〈現代化進程中的廢名小説〉，魏慶培、潘祥輝，《廣西社會科學》，2004年第六期。

〈苦海中的孤燈〉，孔慶東，《口號萬歲》，華齡出版社，2004年6月版。

〈張申府、廢名談知堂〉，谷林，《山西文學》，2004年第八期。

〈堂吉訶德、房東太太與禪──讀廢名小説《莫須有先生傳》〉，止庵，《名作欣賞》，2004年第十期。

〈論廢名長篇小説文體的異化〉，張霄，蘇州大學碩士學位論文2004年。

〈廢名詩學研究〉，何奎，武漢大學碩士學位論文，2004年。

〈《廢名年譜》的特色〉，梅杰（眉睫），《中國圖書評論》，2004年第九期。

〈新詩到底是什麼〉，西渡，《經典閱讀書系‧名家課堂》新詩卷，中國計畫出版社2005年版。

〈重解廢名的新詩觀〉，張桃洲，《華中師範大學學報（人文社會科學版）》，2005年第二期。

〈廢名「新詩」理論淺析〉，李俊，《重慶三峽學院學報》，2005年第二期。

〈歸隱派與名士風度──廢名、沈從文、汪曾祺論〉，楊聯芬，北京師範大學學報（社會科學版），2005年第二期。

〈以新詩文本解説進入大學課堂〉，孫玉石，西南師範大學學報2005年第四期。

〈分裂的文本：廢名《莫須有先生傳》讀解〉，劉年輝、王姍，《黃

岡師範學院學報》，2005年第四期。

〈論廢名詩歌觀念的「傳統」與「現代」〉，張潔宇，中國新詩一百
　　年國際研討會，2005年8月。

〈《駱駝草》時期的廢名與前期京派文人〉，何三三，湖南師範大學
　　碩士學位論文，2005年。

〈中國現代畫境小說探索〉，周翔華，廣西師範大學碩士學位論文，
　　2005年。

〈廢名的真〉，陳建軍，《書屋》，2005年第九期。

〈廢名在黃梅〉，梅杰（眉睫），《新文學史料》，2005年第三期。

〈《廢名詩集》前言〉，陳建軍，《博覽群書》，2005年第八期。

〈《橋》：空間敘事的文本〉，張曉文，青島大學碩士學位論文，
　　2005年。

〈廢名致胡適信寫作時間考辨〉，陳建軍，《長江學術》，2006年第
　　一輯。

〈關於《廢名年譜》〉，陳建軍，《魯迅研究月刊》，2006年第一期。

〈戰亂年代的另類書寫──試論廢名的《莫須有先生坐飛機以後》〉，
　　吳曉東，《現代中國》第六輯，2006年3月版。

〈論廢名詩論的傳統文化價值取向〉，張鑫，《河海大學學報（哲學
　　社會科學版）》，2006年第四期。

〈廢名的書信──呼籲搶救廢名書信〉，眉睫，《上海新書報》，
　　2006年5月12日。

〈現代的與古典的──論廢名的詩〉，高恒文，《文藝理論研究》，
　　2006年第六期。

〈《莫須有先生傳》片論〉，陳建軍，《黃岡師範學院學報》，2006
　　年第五期。

〈論廢名詩歌中的莊禪意蘊〉，王世銀，西南大學碩士學位論文，
　　2006年。

〈廢名小說創作對傳統文學資源的發掘〉，趙玉梅，華東師範大學碩
　　士學位論文，2006年。

〈廢名綜論〉，鍾駿良，江西師範大學碩士學位論文，2006年。

〈抗戰時期廢名避難黃梅期間的心路歷程〉，張吉兵，《韓山師範學
　　院學報》，2007年第一期。

〈論廢名創作禪味與詩境的本質蘊涵〉，劉勇、李春雨，《中國文學
　　研究》，2007年第一期。

〈「人類」的「災難」與「寂寞」——論廢名詩歌的思想內涵與特
　　徵〉，高恒文，《中國現代文學研究叢刊》，2007年第一期。

〈試論廢名散文的文體〉，黃開發，《江淮論壇》，2007年第二期。

〈談廢名的一封殘簡〉，陳建軍，《書屋》，2007年第二期。

〈新發現的一封廢名佚信〉，眉睫，《博覽群書》2007年第二期。

〈生命之悲的吟詠——廢名田園小說重讀〉，崔榮，《名作欣賞》
　　2007年第二期。

〈盡日靈風不滿旗——廢名詩《寄之琳》中的錯愕與留白〉，張曉
　　宇，《名作欣賞》，2007年第二期。

〈返回傳統與走向現代——《橋》與《呼蘭河傳》比較研究〉，黨永
　　芬，《青海民族學院學報》，2007年第三期。

〈世界：「心」、「有」、「理」——讀廢名《阿賴耶識論》〉，陳

建軍，《黃岡師範學院學報》，2007年第四期。

〈廢名在長春──紀念父親逝世四十周年〉，馮思純，《黃岡師範學院學報》，2007年第四期。

〈馮健男與廢名〉，眉睫，《藏書報》，2007年8月27日。

〈從援儒證佛到出佛歸儒──抗日戰爭期間廢名思想的轉變〉，謝錫文，《齊魯學刊》，2007年第六期。

〈廢名與「莫須有先生」的遺留問題〉，呂約，《中國圖書評論》，2007年第十二期。

〈廢名圈、晚唐詩及另類現代性〉，陳均，《新詩評論》，2007年第二輯。

〈廢名與中國現代趣味主義文學思潮〉，趙海彥，《中國文學研究》，2007年第四期。

〈過於冒險的旅行──論廢名的創作缺陷〉，祝學劍，《南都學壇》，2007年第六期。

〈寫在《廢名講詩》出版之後〉，陳建軍，《博覽群書》，2007年第十一期。

〈我含著淚栽一朵空華──廢名詩評〉，賴賢宗，《廢名詩集》，2007年7月臺灣新視野版。

〈張中行與廢名〉，孫郁，《文匯讀書週報》，2008年1月4日。

〈廢名佛學思想淺釋〉，謝錫文，《浙江學刊》，2008年第一期。

〈又發現廢名的三封佚信──廢名書信研究之三〉，眉睫，《魯迅研究月刊》，2008年第一期。

〈廢名講《詩經》〉，陳建軍，《黃岡師範學院學報》，2008年第

二期。

〈廢名：《桃園》再版本〉，陳子善，《文匯讀書週報》，2008年2
月15日。

《抗戰時期廢名論》，張吉兵著，華中師範大學出版社，2008年3
月版。

〈有關廢名的八條新史料〉，眉睫，《新文學史料》，2008年第三期。

〈曲折的沒有出口的路——廢名的詩與詩論〉，陳芳明，《典範的追
求》，臺灣聯合文學，2008年4月再版（1994年初版）。

〈致眉睫先生——關於廢名佚信中的一個字〉，用口，《魯迅研究月
刊》，2008年第七期。

〈關於《駱駝草》夭折原因的分析〉，郭君英，《文學教育
（上）》，2008年第八期。

〈談《新詩講稿》的體例〉，眉睫，《出版廣角》，2008年第十期。

〈廢名致周作人信二十四封〉，陳建軍，《魯迅研究月刊》，2008年
第十期。

〈答用口先生——關於廢名書信手跡〉，眉睫，《魯迅研究月刊》，
2008年第十期。

止庵跋

　　廢名是給我很大影響的作家。這些年我編他的書，寫談他的文章，都為了感謝他，報答他。現在眉睫將所作集為《關於廢名》，我也覺得是件好事。我與眉睫還有一點關於廢名的文字緣：《廢名講詩》一書出版，他寫了〈談《廢名講詩》的選編〉，我寫了〈也談《廢名講詩》的編選〉，他又寫了〈廢名是怎麼變回馮文炳的？〉，所說「現代知識份子在解放後的『思想改造』是有多種類型的，有的是原本即接受馬列主義的，有些是經過一番改造的，對於廢名而言，則可謂接近自覺接受」，與我那文章講的「就中原因，自不能完全歸咎於個人，然而中國不止一代知識份子曾經自覺『改造思想』，以至普遍喪失思考和判斷能力，卻是我們遲早需要加以認真反思的」，其實是一回事，只是彼以為然，我卻不以為然罷了。這裏想強調一點：此種改造究竟自覺與否，真誠與否，其間並無根本區別，無關乎對於改造的性質判斷。看看奧威爾著《一九八四》和亞瑟・庫斯勒著《中午的黑暗》，就明白了。

　　且來引用兩段別人的話。格雷厄姆・格林在《人性的因素》中說：「『我們』，薩拉在想，『我們』。

他像是代表一個組織在說話，……『我們』，還有『他們』都是聽上去令人不舒服的詞。這些詞是一個警告，得提防點。」廢名自己從前在〈《周作人散文鈔》序〉中說：「魯迅先生的小說差不多都是目及辛亥革命因而對於民族深有所感，乾脆的說他是不相信群眾的，結果卻好像與群眾為一夥，我有一位朋友曾經說道，『魯迅他本來是一個cynic，結果何以歸入多數黨呢？』這句戲言，卻很耐人尋味。這個原因我以為就是感情最能障蔽真理，而誠實又唯有知識。」所謂改造，歸根結底就是把「我」變成「我們」。在這個問題上，我相信上面兩位所說，是以愛惜早年寫《橋》和《莫須有先生傳》的廢名，而惋惜後來寫《古代的人民文藝──〈詩經〉講稿》和《跟青年談魯迅》的廢名。

　　眉睫的〈廢名是怎麼變回馮文炳的？〉是為張吉兵著《抗戰時期廢名論》所作書評。該書我未讀過，無從置喙，但若一口咬定廢名思想轉變發生於抗戰期間，我還不能信服。我的證據是廢名自己抗戰後期至1949年間的著作，包括《阿賴耶識論》、《莫須有先生坐飛機以後》和在報刊上發表的若干文章。在我看來，其中所體現的基本思想立場仍與先前一以貫之。廢名及其同時代人後來接受改造無疑是有其自覺性的，否則改造也就不會那麼順利徹底，但無論此種自覺性萌發於何時，都不能與改造混為一談。有些材料，眉睫尚未用到。如所作〈廢名與周作人〉云：「1946年9月，廢名與當年考取北京大學西方語言文學系的大侄馮健男一同離開黃梅。到南京的時候，為了表達對恩師的感情，在時任國民政府外交次長的朋友葉公超的幫助下，廢名與周作人在老虎橋監獄中見了一面。廢名並未表達此次會面的感想，

他對恩師的行為和下場只能表示理解。」說來廢名有關「感想」，1948年4月《文學雜誌》第二卷第十一期載〈莫須有先生坐飛機以後·一天的事情〉中即有「表達」：「那麼將來抗戰勝利了，知堂先生將以國民的資格聽國家法律的裁判而入獄，莫須有先生亦將贈老人這一句話：『君子居之，何陋之有？』」1948年6月28日《民國日報·文藝》載〈我怎樣讀論語〉復云：「這個人現在在獄中，他是如何的『忍辱』（這是他生平所喜歡的菩薩六度之一），他向著國家的法律說話是如何的有禮。」而廢名對此的看法，又豈止「理解」而已。講這些話時，周案已經南京高等法院和最高法院作出判決；公開為之辯護者，舉國惟廢名一人。廢名這兩篇作品，對於斷言抗戰期間其思想業已轉變者，不說適為反證，至少構成障礙。依我之見，這一轉變在廢名也發生在1949年後。眉睫書稿將付梓，遵囑聊書數語，權當卷末一則附言好了。

2008年11月1日

作者簡介：止庵，1959年生，著名詩人沙鷗（王世達）之子，
原名王進文，學者、散文家。早年作詩，署名「方
晴」，並有詩集《如逝如歌》行世。著有散文集
《樗下隨筆》、《如面談》、《六醜筆記》、《畫廊
故事》、《沽酌集》、《向隅編》、《罔兩編》、
《相忘書》、《雲集》、《苦雨齋識小》，自傳
《插花地冊子》，書信集《遠書》，學術專著《樗
下讀莊》、《老子演義》、《神奇的現實》，校訂有
《周作人自編文集》、《苦雨齋譯叢》、《周氏兄弟
合譯文集》、《廢名文集》、《阿賴耶識論》等。

張雨生跋

　　梅杰以研究廢名的文章結集《關於廢名》一書出版，展示他走向文學的開端。一條邊緣化的荒徑，留下了一個年輕人的身影，步伐沉重而穩定，腳印勤奮而篤實。他情感執著，躍躍前行，堅韌不拔地走自己的路。說是開端，其實也能透視作者的潛力，進而窺測他的後勁。

　　我未曾見過梅杰。三年前，他寫信給出版社要購我的書，出版社將他的信轉了過來，這便有了聯繫。後來我才曉得，他是黃梅同鄉，雖然在大學裏念的是法律，但對家鄉文化興致勃勃。我對家鄉文化也情有獨鍾。他每有文章發進我的郵箱，我都要認真閱讀，有時還轉發給其他同鄉共用。

　　為研究家鄉前輩作家，梅杰甘於寂寞，下苦功夫，花大力氣，目標如一地追求著。這在今時的青年人中還不多見。其中，他對廢名的研究下力尤深。

　　解放後，廢名這位在中國新文學開創期有過創造性貢獻的作家，日漸沉寂下去。直到二十世紀八十年代，他的侄子馮健男編選《馮文炳（廢名）選集》，由人民文學出版社出版，開始再現起色。那時候，馮先生在河

北師範大學任中文系主任，我在石家莊陸軍學院教書，因是同鄉，常有往來。馮先生曾邀我到他家裏，講述選編設想，讓我看選稿。出書後，我寫過一篇評介。接著又遠離廢名二十年，再讀到梅杰的文章，才勾起了我對廢名作品的回憶。

　　梅杰選擇廢名在黃梅等作為研究的切入點，這抓住了廢名研究的脈絡。廢名的文學成就，與家鄉千絲萬縷。他的作品多取材於家鄉的普通勞動者，黃梅鄉土成為他的創作源頭。若說現代文學中有「鄉土文學」一脈，廢名算得上是先行者。由於作家文筆晦澀，外地讀者讀起來覺得隔膜，家鄉讀者卻沒有這種感覺，他的「鄉士味」能穿透晦澀屏障，使家鄉讀者與作品中的人物溝通心靈。蘆溝橋事變後，北平淪陷，廢名教書的北大遷往雲南昆明，他沒有跟隨學校同去，獨自回到家鄉，與兄長馮力生、大侄馮健男一起在黃梅縣中教書。學校躲避戰亂，搬進山裏，缺少課本，國文先生把他的作品抄在黑板上，當作新課文教學，影響了家鄉一代學子。那時，我的叔叔張之翔正在黃梅縣中讀書，他回憶道：「教我們初一國文的是廢名的侄子馮健男先生。當時沒有課本，他選了冰心的〈山中雜記〉、廢名的〈萬壽宮〉等作為教材，上課時抄在黑板上，我們抄下來，然後他再講解。」解放後，廢名受到歧視、排擠，調離了北大。垂垂暮年，進入文革時期，更是孤苦淒涼。家鄉人民對此產生逆反心態，給予了更多同情，更大關注。廢名瞑目之前，苦心囑託：「務葬我於黃梅！」

　　梅杰力求挖掘更多的史料，讓讀者看到一個全面的廢名，真實的廢名，內心赤誠的廢名，既揭示作家對家鄉人民的厚愛，也反映家鄉人民對作家的情感，二者是互動的，相映襯的。作家被政治風潮捲

裏，被社會霜雪冷浸，抖開捲裏，熨平冷浸，恢復本來面目，是作家重定的需要。梅杰所做的工作，既有史料價值，又有學術價值，是一種緊緊依託史料發現的新研究。

我曾對梅杰說過，做這種工作不宜學院氣太重，過分地追求作家生活瑣屑意思不大，要把注意力放到作家作品的研究上。我從學院走出來，知道那裏有許多人，對作家的作品提不出新見，說不了多少話，紛紛轉向「功夫在詩外」。作家以作品立身，作家重定在於作品復活。若是作品不能在讀者心目中復活，搞再厚的「大譜」，弄再高的「排位」，都沒有作用。闡述作家的價值，核心在於闡述他的作品價值。當今文壇也有一股風潮，著名作家湧現一批又一批，除了本人名字大大著名外，其作品不說著名，連叫個什麼名，也沒有幾個人能曉得。不能讓這種浮躁流布到前輩作家身上。作品復活很難，關鍵在於讓讀者接受。讀者不接受作品，作家又豈能重定。

廢名作品復活遠不夠，廢名復位也就談不上。這是研究指向的偏頗，還是作品自身的原因？這個問題不是提給梅杰回答。年輕的作者走過這個開端，應該有更開闊的視野。

2008年10月6日

關於廢名

作者簡介：張雨生，1945年生，湖北黃梅人，雜文家、散文家，著有《塢城劄記》、《檻外人語》、《癡人說夢》、《察風慮雨》、《山水文脈》、《張雨生隨筆選集》等，〈虎皮鸚鵡之死〉、〈他就是他〉分別選入普通高中、職業高中及初等師範的全國統編語文教材。

後記

　　我出生於廢名的故鄉湖北省黃梅縣。這裏是一片文化熱土，它既是中國禪宗的誕生地，又是黃梅挑花、黃梅戲藝術的起源地，還被譽為「文化之鄉」、「詩詞之鄉」、「武術之鄉」。我自幼耳聞有關禪宗、岳家拳、逃水荒唱戲的故事，很早也聽到關於廢名先生的軼聞。對這些我都飽含極大興趣，尤其是「廢名」在我少年的心裏彷彿成了一個夢！

　　直到2000年，我才開始接觸廢名先生的詩文，並在黃梅縣範圍內搜集、整理有關廢名先生的資料，可惜所得極為有限。2002年底、2003年初的時候，我勉力寫了一點關於廢名先生的文字，交到學校的廢名文學社。可以說，這是我研究廢名之始。

　　2003年暑假，因祖父梅嶺春先生的介紹，得識黃梅文史研究者黃石遠先生，又經黃先生指點，拜訪了「廢名在黃梅的得意門生翟一民先生」（廢名哲嗣馮思純語）。翟老先生告訴我，我們縣近年才開始重視廢名，並印了一本《廢名先生》。那幾次拜訪翟老，我得以親承翟老謦欬，對廢名獲得一些更為生動具體的瞭解，並從翟老處得知武漢大學陳建軍教授在著力研究廢

名。2003年的最後一天，已經在武漢求學的我，貿然地致信廢名研究專家陳建軍先生（其時，陳先生的《廢名年譜》剛出版）。不久，收到陳先生的回信，這給我極大的鼓舞。我關於廢名最早的正式文字〈「妝台」及其它〉，即是我們初識時陳老師約我寫出的，這也是我正式發表的第一篇文章。

那時，我對止庵先生的文章尤為崇慕。止庵先生是當今學者中少有的文章家。我常於心底揣摩他的文章，受益匪淺。我最早的幾篇關於廢名的文章，尤其受了他的影響。至於後來，性靈漸失，遁入考據一途，實是受了陳建軍老師的影響。這是一個自然而然的過程，我自己也說不清楚。只是當某一日，於冥冥中思考著過往，我才不無感慨，認為自己有必要回到最初的地方，回到廢名先生詩文本身，寫出自己的「華章」來。

這樣，我的視野更加開闊了，有一種找到「同道」和「老師」的感覺。在之後的廢名研究道路中，給我幫助較多的是陳建軍老師。我雖未入陳師之門，卻受到不一般的照顧，他待我若入門弟子，卻又戲稱我為小弟。我的廢名研究，倘若也算一個園地的話，那麼我也可以借用廢名在〈《竹林的故事》自序〉中的一句「我自己的園地，是由周先生的走來」來說明這一事實。

收入本書中的文章，不少都有陳建軍、止庵兩位老師的改動痕跡，附錄的〈廢名生平著作年表〉、〈廢名研究資料索引〉中的內容則多是陳建軍老師提供的，或依據其《廢名年譜》並根據我們發現的新史料錄入的。此外，本書中的圖片大多也是陳建軍老師提供的。

　　止庵老師在〈也談《廢名講詩》的選編〉一文中説：「馮（思純）君為廢名哲嗣，近來致力於整理出版令尊作品。陳（建軍）君多年從事廢名研究，有《廢名年譜》行世。眉睫則是熱心介紹廢名的年輕學人。三位與我或曾謀面，或嘗通信，可以説彼此都是『廢名一派』。」這非常形象地説明了我們在廢名研究領域相互溝通、交流的現實。這本小書的出版，由馮思純老、陳建軍師作序，止庵老師作跋，可以説也承載著我們在廢名研究道路上的情誼，尤其體現的是他們對我的關愛和照顧。感謝他們這四、五年來在廢名研究領域對我的指點、幫助。我能取得這一點點所謂的成績，都有他們的影響在鼓舞和鞭策著。

　　需要再説明的是，本書另一位跋作者張雨生先生，他擅長寫雜文和散文，與我都曾畢業於廢名的母校黃梅一中。這幾年來，張先生更多是從廢名研究領域之外的其他方面對我產生影響，讓我有了更為廣闊的視野，對此我表示衷心的謝意，更感謝他為此書作跋。

2008年11月6日於武漢南湖

世紀映像叢書

世紀映像叢書

世紀映像叢書

世紀映像叢書

世紀映像叢書

國家圖書館出版品預行編目

關於廢名 / 眉睫著. -- 一版. -- 臺北市：
　　秀威資訊科技, 2009.04
　　　面；　公分. -- (史地傳記類；PC0081)
　　BOD版
　　含索引
　　ISBN 978-986-221-211-0(平裝)

　　1.馮文炳　2.傳記　3.中國

782.887　　　　　　　　　　　　　　98005618

 史地傳記　PC0081

關於廢名

作　　　者 / 眉睫
主　　　編 / 蔡登山
發　行　人 / 宋政坤
執 行 編 輯 / 黃姣潔
圖 文 排 版 / 陳湘陵
封 面 設 計 / 蕭玉蘋
數 位 轉 譯 / 徐真玉、沈裕閔
圖 書 銷 售 / 林怡君
法 律 顧 問 / 毛國樑　律師
出 版 印 製 / 秀威資訊科技股份有限公司
　　　　　　　台北市內湖區瑞光路583巷25號1樓
　　　　　　　電話：02-2657-9211 傳真：02-2657-9106
　　　　　　　E-mail：service@showwe.com.tw
經　銷　商 / 紅螞蟻圖書有限公司
　　　　　　　台北市內湖區舊宗路二段121巷28、32號4樓
　　　　　　　電話：02-2795-3656　傳真：02-2795-4100
　　　　　　　http://www.e-redant.com

2009 年 4 月　BOD 一版
2009 年 9 月　BOD 二版
定價：320 元

讀　者　回　函　卡

感謝您購買本書，為提升服務品質，煩請填寫以下問卷，收到您的寶貴意見後，我們會仔細收藏記錄並回贈紀念品，謝謝！

1.您購買的書名：_____

2.您從何得知本書的消息？

　　□網路書店　　□部落格　　□資料庫搜尋　　□書訊　　□電子報　　□書店

　　□平面媒體　　□ 朋友推薦　　□網站推薦　□其他_____

3.您對本書的評價：(請填代號　1.非常滿意 2.滿意 3.尚可 4.再改進)

　　封面設計____　　版面編排____　　內容____　　文/譯筆____　　價格____

4.讀完書後您覺得：

　　□很有收獲　　□有收獲　　□收獲不多　　□沒收獲

5.您會推薦本書給朋友嗎？

　　□會　　□不會，為什麼？_____

6.其他寶貴的意見：_____

_____

_____

_____

讀者基本資料

姓名：_____　年齡：_____　性別：□女 □男

聯絡電話：_____　E-mail：_____

地址：_____

學歷：□高中(含)以下　　□高中　　□專科學校　　□大學

　　　□研究所(含)以上 □其他_____

職業：□製造業 □金融業 □資訊業 □軍警 □傳播業 □自由業

　　　□服務業 □公務員 □教職　　□學生 □其他_____

To：114

台北市內湖區瑞光路 583 巷 25 號 1 樓

秀威資訊科技股份有限公司　　　收

(請沿線對摺寄回,謝謝!)

秀威與 BOD

BOD（Books On Demand）是數位出版的大趨勢，秀威資訊率先運用 POD 數位印刷設備來生產書籍，並提供作者全程數位出版服務，致使書籍產銷零庫存，知識傳承不絕版，目前已開闢以下書系：

一、BOD 學術著作—專業論述的閱讀延伸
二、BOD 個人著作—分享生命的心路歷程
三、BOD 旅遊著作—個人深度旅遊文學創作
四、BOD 大陸學者—大陸專業學者學術出版
五、POD 獨家經銷—數位產製的代發行書籍

BOD 秀威網路書店：www.showwe.com.tw
政府出版品網路書店：www.govbooks.com.tw

　　　永不絕版的故事・自己寫・永不休止的音符・自己唱